世阿弥

北川忠彦

JN166366

講談社学術文庫

はじめに

世阿弥の『風姿花伝』（花伝書）をはじめとする数々の遺著が発見され、世阿弥という名が一般に知られるようになったのは明治四十一年（一九〇八）のことであった。以来六十年、数少ない日本の思想家の一人として、また類稀な幽玄美の体現者として、世阿弥の名声は年々高まるばかりである。だが世阿弥の偉大さは、我々をして能というものを、知らず知らずのうちに世阿弥の目を通して見る習慣を植えつけてしまったように思う。

確かに近世以降、能は世阿弥の掲げた理想通りの道を着実に歩み続け、現代においては、その到達すべき最高の地点にまで行きついた姿を見せていると言えよう。だがそれはあくまで近世以降、現代に至る間に、歴代の能役者によって修練につぐ修練が積み重ねられた結果であって、室町時代世阿弥の頃の能が果たしてどんなものであったかということとは、また別のことである。

我々は中世の芸術と言えばすぐに幽玄美を考え、続いて能とそれとを安易に結び付けてしまっている。だが中世の人びとは幽玄とは反対の、もっと泥くさく、また明け放しで、外へ外へと発散する一面をも持っていたのである。言わば雅に対する俗の世界と言ってもよかろうか。中世という時代は、その雅と俗と、二つの世界が併存していたのである。

能とはもともと大衆芸能であり、俗の世界のものであった。そこから出て、能を雅の世界のものに昇華したのが世阿弥であった。その間彼は、それまでの能から何を捨て、何を拾い、何を洗い上げたか、そのことをこれから探ってみたい。世阿弥を通して能を見るのではなく、能の流れの中に世阿弥をおいて考えるのである。そのことによって、世阿弥という人があれだけ偉大な人でありながら、結局は時の権力者から捨てられ、また大衆からも忘れられた存在になっていった理由も、おのずから明らかとなるであろう。

目次

世阿弥

はじめに　3

第一章　世阿弥とその時代……13

一　猿楽能の誕生　13
寄合――観客層の拡大　物まね芸の系譜　歌舞の伝統
二　父・観阿弥　20
猿楽能と田楽能　天下の名望　「中初・上中・下後」の人
三　世阿弥の活躍――応永まで　32
生年論　同朋衆・時衆の問題　伊賀観世の系図　少年世阿弥
世阿弥と二条良基　将軍義満と世阿弥　世阿弥の再出発　北山邸
行幸と義満の死　第一次苦境時代　寺社猿楽への後退　音阿弥の
生長　応永末年の世阿弥

第二章　世阿弥の作品……63

一　能の作者　63

能の作者　世阿弥の作品　能の分類　世阿弥の作品傾向
二　大和猿楽の伝統──劇的現在能　72
大和猿楽の特質　観阿弥の代表作〈自然居士〉　観阿弥の作品傾向
群小作家の作風　大衆作家宮増　世阿弥と劇的能
三　能の神々──脇能　84
脇能と歌舞性　〈高砂〉と〈竹生島〉　神の影向　先行芸能延年風流　小風流と脇能　大風流と脇能　世阿弥の脇能　非世阿弥系作者の脇能　神は鬼がかり　世阿弥の脇能改革
四　『平家物語』と能──修羅物　106
修羅物と世阿弥　複式夢幻能　脇能と修羅物　古修羅の世界
花鳥風月と修羅　憑き物による物狂と修羅　〝金剛〟の作品　『平家物語』の二つの側面
五　王朝古典の世界──女体能をめぐって　127
王朝女性の能への登場　憑き物と女性　物狂から複式夢幻能へ──〈松風〉　物着と複式夢幻能──〈井筒〉　その他の複式夢幻能──〈融〉〈須磨源氏〉等　女体能の行方　〈砧〉の位置づけ──準夢幻能

第三章　世阿弥の芸論……143
一　世阿弥の伝書　143
世阿弥の伝書　伝書の時代区分　前後二区分説
二『風姿花伝』　150
『風姿花伝』のあらまし　一、年来稽古　二、物学条々　三、問答条々　『花伝』四〜六　別紙口伝
三『花習』以後　165
『花習』以後の代表作　物まねから三体へ　花から幽玄へ　安位↓闌位↓妙所
第四章　世阿弥の流れ……177
一　晩年の世阿弥　177
能役者としての世阿弥　第二次苦境時代　十二五郎の手紙　一座の危機　次男元能の出家　長男元雅の客死　「却来」という境地
佐渡配流　佐渡よりの書状　金春禅竹と鬼の能　最晩年

二　能の流れ　202
観世小次郎の活躍　キリシタン能と太閤能　世阿弥の影　能の固定化

世阿弥年譜　212
参考文献　218
あとがき　221
解説　異端者としての世阿弥……土屋恵一郎　223

世阿弥

第一章　世阿弥とその時代

一　猿楽能の誕生

寄合——観客層の拡大

世阿弥（一三六三?—一四四三?）を知るためには、まずその父観阿弥（一三三三—一三八四）を、更にさかのぼって観阿弥以前の猿楽の流れを瞥見《べっけん》することから始めねばならない。猿楽の流れとは、とりも直さず日本の劇芸能の流れでもある。

ヨーロッパの文学史と日本の文学史とを比較して、誰しも不思議に思うことの一つは、劇というものの発生状態である。ヨーロッパでは、紀元前、ギリシア・ローマの時代、つまり文学史の第一ページから演劇が登場しているのに、我が国では十四、五世紀、すなわち南北朝・室町の頃までその姿が見られないのである。和歌や物語が、遠く奈良・平安の昔から栄えていたのに比べて、これはその間、社会の日蔭者のようにひっそりと棲息していたのであった。しかしその日蔭者にも日の当たる時が来る。それが中世であった。この時期に我々の祖先は、能という偉大な劇芸能を誕生させたのである。

能、当時の言葉で言えば〝猿楽の能〟であるが、この他にも中世には、その姉妹芸能とされる狂言、あるいは今は滅んでしまったが延年芸能《えんねんげいのう》、田楽能《でんがくのう》、あるいは幸若舞曲《こうわかぶきょく》といった諸芸能があり、芸能史の上ではまさに百花斉放ともいうべき状態となった。なぜそれまで発達しなかった劇芸能がこの時期に大きく発展したのか。それにはまず観客層の拡大を考えねばなるまい。

舞台芸能とか演劇とかいうものは、単に舞台と役者と台本があればよいというものではなく、それを見物する観客があって初めて成立するものである。古代において劇が発達しなかったのは、何よりも観客面での発達がなかったためと言える。ところが中世の人たちは一座すること、寄り合うことを知っていた。平家琵琶を聴きに集まる人たち、語り手を中に囲んで説話に打ち興ずる人たち、花の下にまどいして連歌《れんが》を詠む人たち、一碗の茶をすすりながら寄り合う人たちがいた。この人たちはそのまま能の観客層と重なり合うわけであるが、このような寄合《よりあい》性は一方では演ずる側にも見られるのであって、それは猿楽の座という、演能興行形態となり、演劇の興隆する一因ともなった。このような寄り合う人たちが生まれたからこそ、この時期に演劇が発達することが出来たのである。

だが猿楽能が、社会の表面に出て、芸能界を制覇し、近世・近代につながる我が国の代表的舞台芸術となる裏には、右のような大衆の力だけでなく、やはり一個の天才の力が必要であった。能の場合は幸せなことに、その天才を一人ならず二人までも持っていた。すなわち観阿弥とその子世阿弥である。この二人によってそれまで猿楽とか物まね芸とか言われていた単なる演戯的な分子が、洗練され整備されて、この時代に〝猿楽の能〟が形成されたのである。

物まね芸の系譜

さて前に、日本の演劇はながらく日蔭者であったと言ったが、それでも古代から、物まねや歌舞による舞台芸能的なものはないではなかった。今日、発掘される土偶や埴輪《はにわ》からは、古くから歌舞をする習慣のあったことが知られるし、『古事記』『日本書紀』その他の記録類にも舞踊や物まねの存在を思わせる記事や説話が散見する。たとえば、有名な海幸《うみさち》・山幸《やまさち》伝説の中で、最後に海幸が山幸に降参して、自分が海に溺れた時のことをくり返し演じて見せようとするくだりを『日本書紀』に、

永《ひたぶる》に（いつまでも）汝《なんじ》が俳優者《わざをぎひと》たらむ。乃ち足を挙げて踏《ふ》みて、其溺れ苦める状を学《まな》ぶ。

と記しているが、この「学ぶ」とは「物まねする」「演技する」の意であるし、また「俳《はい》優《ゆう》」（わざおぎ）という語もここで使われており、あれこれ考え合わせると、古くから物まねの演技をこととする専門家がいたことがわかる。しかしこれらは劇というにはあまりにも

単純に過ぎる、なかば即興的なものでしかなかったようである。

また古代には伎楽《ぎがく》という仮面劇様のものもあった。寺院の芸能として宮廷の舞楽と並び古代芸能としては代表的なものであったが、これは行道《ぎょうどう》、つまり仮面仮装の行列《パレード》であり、現在の練供養《ねりくよう》（菩薩来迎会《ぼさつらいごうえ》）に通じるものである。この行道の中に、間々《まま》、喜劇的要素が混入しているのである。先頭から「治道《じどう》」（天狗）、「獅子」「呉公《ごこう》」という風にいろんな人物が行列を作って寺内を練り歩くのだが、その中の幾人かがところどころで立ちどまって喜劇的な所作を演じる。まず「波羅門《ばらもん》」はムツキアライ（襁褓洗）ということをするし、続く「崑崙《こんろん》」は猥雑《わいざつ》な物まねを、「大孤王《だいこおう》」はよぼよぼの老人のふりを、「酔胡王《すいこおう》」は酔っ払いの演技をして観客を大いに笑わせたようである。この伎楽ははやく滅んだが、このように素朴ながら一定の演技のあったことが注目される。

平安時代に入ると、藤原明衡《あきひら》（九八九―一〇六六）作とされる『新猿楽記』という書物がある。これは十一世紀なかばのもので、京の町における猿楽の見聞記という形式で記されているが、これによると、当時すでに縣井戸先生《あがたいどのせんじょう》、坂上菊正《さかのうえのきくまさ》、還橋徳高《もどりばしのとこたか》といった「猿楽」を職業とする役者がいて、小人の舞や人形回し、奇術、軽業、独《ひと》相撲等いろいろの芸をして見せたほか、「福広聖之袈裟求《ふくこうひじりのけさもとめ》」「妙高尼之襁褓乞《みょうこうにのむつきごい》」「東人之初京上《あずまびとのういきょうのぼり》」ほか数番の演技を見せたことがわかる。高徳の聖人が袈裟を失ってうろたえているさま、赤ん坊を生むはずのない尼が襁褓《むつき》を譲ってくれと頼んでいるさま、田舎者が初めて京へ上った滑稽なシグサなどを演じたものらしい。これらは単なる物まねか、あるいはそれを中心にして、あるストーリーを仕組んで、二人以上の者が出て簡単ながら劇の形態をとっていたのか、その辺が明らかでないが、専業の芸能者の存在とあいまって、ともかくここに劇的なものの萌芽を感じさせるものがある。

平安末から鎌倉期にかけては、このような劇的なものの存在の記録は数を増して来る。だが、これらは物まねの域をさして出ず、劇芸能にまで生長することなく、一時的なものとしてすぐまた埋没してしまった、言わば劇の断片であった。だが、その多くが滑稽な物まねを基調としていることは注意する必要があろう。劇的なものといっても、そのほとんどは喜劇的なものであった。物まねという素朴な演技の場では、悲劇的なものよりは滑稽なものの方が成立し易かったのである。その滑稽な物まね演技のことを「猿楽」とか「さるがうこと」とか呼んだ（ただし後には「猿楽」とはもっと広い意味で芸能と同意義語に用いられるに至った）。従って日本の演劇は、この滑稽な物まねの「猿楽」を基調として、それからいかにしてシリアス（まじめ）なものに生長し定着するかということが課題だったのであり、そして、それが初めて成功したのが猿楽能、すなわち現在でいう能の世界であった。能の中には〈安宅《あたか》〉とか〈鉢木《はちのき》〉とか〈夜討曾我《ようちそが》〉といった劇的・現在能的傾向の濃い能が相当数あるが、それらの能はこの物まね芸の系列の上に立つものである。

一方、その母胎である滑稽な物まねの方はというと、これは至ってはかないもので、古代から折々の記録にはとどめられながら、そのたびごとにその場で人を笑わせると、そのまま消えてしまうのが常であった。人を笑わせる動作は芸としては成立し易いかわりに、舞台芸術にまで生育するのはまじめなものや悲劇的なものに比べると、かえってむつかしいらしい。だが能が成立したのとほぼ同じ時期に、珍しくも滑稽な演技、笑いをテーマにした芸能が一つ誕生した。それが狂言である。狂言の発生経路はよくわからないが、南北朝の頃にはこれを専業とする団体が存在するまでになったようで、やがて能との結合が見られるに至った。このようにして演劇としての能（劇的能）と狂言とが形成されたのである。

歌舞の伝統

ただ能を成立させている要素は物まねだけではない。そこには今一つ歌舞の要素がある。世阿弥も、

遊楽を目的とする申楽《さるがく》能の道は、いっさいが物まね、すなわち役に扮する演戯が根本であるけれど、申楽の起源は神楽《かぐら》にあるのだから、物まねよりはむしろ、舞と歌の二つの演戯を猿楽能の基本的技芸というべきであろう（申楽談儀・序）（山崎正和編『世阿弥』〔日本の名著10　中央公論社〕）。

と語り、物まね以上に歌と舞を猿楽能の基本的技芸とせよと言っている。

この歌舞の要素は能にとり入れられる以前から、主として古来の神事的・儀式的な芸能と

して、物まねに劣らぬ古い伝統を持っていた。一体、神事的な芸能は、年ごとにくり返し行なわれるところから儀式化されることが多く、物まねがその場限りで終るものが多かったのに比べ、固定化が早かったのではないかと思われる。神楽がそうであったし、宮廷の儀式と結び付いた舞楽にも同様の事情は窺《うかが》われる。

こうしたもので能にかたちをとどめているものに〈翁《おきな》〉がある。これは現在も能役者によって演じられるが、ほとんど劇らしい内容はなく、翁の舞と三番《さんば》叟《そう》の舞を組み合わせたものに過ぎない。だが、古く世阿弥も右に続けて、

では、申楽の舞のなかではなにを代表的なものとして取りあげるべきかであるが、この道の根本は神楽舞ともいうべき〈翁〉にあるのだから、〈翁〉の舞をあげるべきであろう。つぎに、歌の基本はなにかということになるが、これも〈翁〉の神楽歌を第一とすべきであろう。

と言っているように、能の中でもひときわ古い伝統を持っており、猿楽能の根源として現在も「〈翁〉は能にして能にあらず」と、厳粛な儀式としての扱いを受けている。もっとも、これはもと民間で五穀の豊作を祈るための行事であったらしく、現在でも各地の農村では、前代同様民俗行事としての〈翁〉が伝えられ演じられている。無論これにしても神事の舞であることは言うまでもない。また一方〈翁〉は古くから寺院にも入り、法会《ほうえ》の芸能としても伝えられた。神仏いずれにしてもいちはやく儀式化された芸能だったのである。

能の舞にはこの他にも、神事的な舞、物狂《ものぐるい》の舞、優雅な舞、雄壮な舞と、いろいろな種類があるが、そのほとんどは神事・儀式から出たもののようであり、従ってその歌舞の流れの上に立つ能は、まず神事的性格の強い神事能（脇能）として形成され、前に述べた物まねの流れの上に立つ劇的現在能と並んで、能の二大系列を作り上げたのである。

もちろんこの二つが画然と区別されて別々の道を進んで来たというわけではなく、ある場合には物まねの方で歌舞をとり入れたろうし、また逆に舞の方から物まねへ接近したこともあったであろう。更に能が形成されるについては、この他に、たとえば物語り芸であるとか、俗謡的要素であるとか、曲技の類であるとかの吸収利用があったことも忘れてはならない。そうした幾つかの成分を組み合わせながら、しだいに演劇らしいものが生まれて来る。鎌倉時代にさかんだった延年《えんねん》の風流《ふりゅう》と呼ばれる芸能もその一例なら、猿楽能と前後して興隆した田楽能についても同じことが言える。そして中でもそれらの各要素を最も手ぎわよく組み合わせ、融合して新しい芸能を樹立するのに成功したのが猿楽能であり、その最も偉大な総合者が世阿弥の父の観阿弥だったのである。

二　父・観阿弥

猿楽能と田楽能

観阿弥清次《きよつぐ》は元弘三年（一三三三）、ちょうど鎌倉幕府が滅亡した年に生まれ、南北両朝合体の機運ようやく熟せんとした至徳元年（一三八四）五十二歳でなくなった。まさに南北朝の動乱期を猿楽能とともに生きぬいた人ということになる。

出自は伊賀国、服部氏とされている。伊賀の服部というと、忍者で名高い一族で後世徳川家康に仕えた服部半蔵もそれであるが、芸能人というのは当時としては自由に諸国を巡り、貴紳にも近付けるということで忍びの者たるに都合のよい点も多く、あるいは二道《ふたみち》かけてこの動乱期に活躍した者も彼の周辺にはいたかも知れない。後にも述べるように、彼の母が楠木正成の姉妹だと記した系図も伝わっているくらいで、もしこれが事実だとすると、後年その子世阿弥が、一旦足利氏に登用されながら、後になって将軍の勘気を蒙《こうむ》った事情もあれこれ推し量られて面白い。

面塚　奈良県川西町結崎。観世座発祥の地とされる。

その伊賀の服部の一族の一人が、大和の山田猿楽座の大夫の家に養子に入った。そこで生まれたのが観阿弥である。二人の兄もまた猿楽者で長兄は宝生座《ほうしょうざ》を、次兄が山田の座を継いだ。末子観阿弥は一族による大和での座の乱立を避けたのか、一旦先祖の地伊賀国に退き、現在の三重県名張市上小波田《かみおばた》を本拠として猿楽座を組織したと伝えられている。

伊賀に雌伏すること幾年か。次いで座を大和結崎《ゆうざき》（現在の奈良県磯城《しき》郡川西町）に進めた。当時、大和には神社仏閣で芸能を保護するものが多く、また猿楽座の方でもこれらに奉仕することによって一座の発展を計っていたので、伊賀の農村から大和に進出するということは猿楽者にとっては檜舞台に進出するということにほかならなかったのである。ここでも観阿弥の芸は光ったらしく、いつか結崎の座は大和の代表的な猿楽座の一つに数えられるに至った。この結崎座の流れがすなわち現在の観世流で、観世とは観阿弥の幼名が観世丸であったことによる。

当時しだいに民衆の支持を受けるようになっていた猿楽能は、ようやく各地にさかんとなり、大和には観世以外に外山《とび》（宝生）、坂戸（金剛）、円満井《えんまい》（金春《こんぱる》）の、後のいわゆる大和四座《しざ》があった。その他にも近江、宇治、丹波、伊勢、摂津等にも猿楽の座が建てられており、また田楽の一座も京や奈良に存し、ここでも能を演じていたのである。実は当時はむしろ田楽能の方が主流をなしていたので、ここでちょっとそのことに触れておこう。

田楽とはもと田植えの時などに、陸《おか》でにぎやかに囃《はや》したてて豊作を祈り、かつ田植人を励ます田の音楽であった。しかし後にはその音楽歌舞的な要素が都会へ入って大流行し、永長頃（十一世紀末）には公卿たちまでそれに打ち興じたことが、大江匡房《まさふさ》（一〇四一—一一一一）の『洛陽田楽記』という書物に見える。〈翁〉の場合と同じように、農村の芸能という本来の性格から離れて都会人の娯楽の対象となったのである。この時分には歌舞芸の他に、高足・一足（いずれも竹馬のホッピングのようなもの）、刀玉《かたなだま》（刀を手玉にとる芸）といった曲技も演じるようになっており、田楽の内容も複雑化し、やがて専業団体も生まれたが、更に進んでその一座が歌舞・曲芸を基調とした演劇を創始したのが、鎌倉時代のことであったらしい。

『太平記』に見られる北条高時の愛好ぶり、同じく貞和五年（一三四九）、京の糺河原《ただすがわら》で盛大な勧進田楽が催され、おびただしい見物のために桟敷がこわれて大混乱が起こったという話など、いずれも田楽能の盛況ぶりを物語っている。どんな内容の劇を演じていたかはほとんど伝わっていないが、大体猿楽能と同じようなものを演じていたらしく、少々演出に違いがあるという程度のものであったらしい。現在は能（猿楽能）として伝わっている〈松風《まつかぜ》〉の汐汲みの部分は、まず田楽能として作られたものであったし、〈船橋《ふなばし》〉や〈女郎花《おみなえし》〉も同様であったということからも、右の事情は察せられよう。

このように新しい庶民芸能が勃興しつつあった時代であったから、各座に名手の数も少なからず、中にも田楽能の一忠《いっちゅう》は観阿弥が常々我が風体の師と言って尊敬していたほどの名人であり、同じく亀《き》（喜）阿弥《あみ》も音曲の先祖とされるほどの人であった。また近江においても大和に劣らず猿楽はさかんで、ここには犬王道阿弥《いぬおうどうあみ》（？——一四一三）という名手が活躍していた。こういう先輩やライバルに伍《ご》して観阿弥は自らの芸を磨き、一方では大和猿楽の体質改善を計りながら、更に次の飛躍を心掛けていたのであった。

天下の名望

今、体質改善と言ったが、言うまでもなく今日我々が能に対する態度と観阿弥が能に処した態度には根本的な違いがある。現在では能は古典芸能として完成し切っており、演出も抜きさしならぬものであり、新作能というのも特別な場合のほかは行なわれない。ところが観阿弥の時代の能は正しく大衆演劇で、自作自演、演出も自由、舞踊をとり入れようが音曲を変更しようが、全く意のままであった。要は大衆にアピールして、芸能人として名声を博せばよかったのである。

だが観阿弥の偉かったのは、大衆への接近とともに芸術性の向上ということを忘れなかった点である。それは具体的には歌舞の要素を物まね芸にとり入れるということであった。物まねオンリーでは、どうしても芸が単調になり卑俗に流れ易い。そこで観阿弥の目をつけたのが歌と舞であった。これが、能を単なるリアリズム演劇でなく、様式的な象徴劇として、幽玄の道に押し出す第一歩となったのである。

その舞を能にとり入れる場合にもいろいろと工夫をこらしていて、たとえば〈自然居士《じねんこじ》〉や〈吉野静《よしのしずか》〉のように、劇中で舞の場を作る、いわば劇中劇的なかたちでとり入れた場合もあり、また〈卒都婆小町《そとばこまち》〉〈松風〉〈百万《ひゃくまん》〉のように、主人公を物狂《ものぐるい》として、感情のたかぶりを狂乱の舞で表現するという手法もとっているのである。

一方、音曲面では、小歌節《こうたぶし》と曲舞節《くせまいぶし》との接合ということを成功させた。この事情は世阿弥の『音曲声出口伝《おんぎよくこわだしくでん》』その他に詳しい。一体大和猿楽ではそれまで音曲の基調となっていたのは小歌節で、これは現在ではすっかり謡曲の中に同化されて判別も出来かねるほどになっているが、狂言の中で謡われている小歌節から察するに、優美さはあるが非常に単調な間延びのした感じのものだったらしい。これに反し曲舞節というのは、躍動的な感じを持ったものであったようで、観阿弥はそれを乙鶴《おとづる》という女曲舞節から学び、父祖伝来の小歌節と融合させたのである。今日風に言えばメロディ本位の曲にリズム感覚をとり入れたということになろうか。

このような能の芸術性の向上や音曲の改革は一朝一夕に出来上がったのではなかろうが、観阿弥の技量や、すぐれた能を数多く創作したことなどによって次々に改善は進み、それは同時に観阿弥の芸能界における地位を高めていくことにもなった。そして次の飛躍の地、京都進出の機運が熟して来たのである。

大和猿楽の京都進出は文和四年（一三五五）や貞治三年（一三六四）にも例があるが、観阿弥の場合の正確な年代はわからない。だが応安四、五年（一三七一、二）の頃、醍醐寺で七ヵ日の演能を催し、それ以後京都での評判が高まった事実が伝わっている。観阿弥四十歳前後のことである。その名声を伝え聞いた将軍足利義満（一三五八—一四〇八）が今熊野《いまぐまの》に出向いて親しく観阿弥の舞台を見物した。これまで「乞食の所行」とされていた猿楽能が、ついに貴人の賞翫《しようがん》に供せられるようになったのである。時に応安七年（一三七四）、観阿弥四十二歳、義満は十七歳であった。

この今熊野の能で観阿弥はその日の開幕を飾る〈翁〉を舞った。これは実は猿楽能の歴史で画期的なことであった。それまで〈翁〉は一座の大夫であるとか上手な役者が舞うのではなく、その座の長老が舞うことになっていた。これは老＝神という考え方にもとづいたもので、長老であるが故に最も神に近い存在ということで、翁の面をつけることになっていたのである。ところが義満の側近で猿楽能のよき理解者でもあった海老名南阿弥《えびなのなあみ》（?——一三八一）という人の進言で、そうしたしきたりを蹴って観阿弥が舞った。「将軍家が初めて御覧になるのだから、最初に出て来る役者を特に考えて出す必要があろう」というのがその理由である。これから〈翁〉は一座の大夫が勤めることになったのであった。長老から大夫へ、これは〈翁〉が、ひいては猿楽能が、信仰本位のものから芸本位のものに、そして座が神事的奉仕団体から娯楽的芸能団体に移ったことを示す出来事と言える。猿楽能の歴史の上で観阿弥はまさにこの二つの分岐点に立っていたのである。ともあれこの今熊野演能は、名実ともに観阿弥が斯界《しかい》の第一人者と公認されたことにほかならなかった。なおその子世阿弥はこの時十二歳、おそらく父とともに出勤していたことと思われる。美しい容姿がさぞかし人目をひいたことであろう。義満はそれ以来観阿弥・世阿弥に傾倒し、終生変わらなかった。観阿弥の能は、ながらく農村と寺社に支えられていたのであったが、ここに新しい保護者として、都市の人びと、そして貴人としての武家・公家が登場したのである。

能の歴史、特に観阿弥から世阿弥への展開を考える場合、どうしても義満の存在を忘れることはできない。観阿弥の芸風は、前にも述べたように大衆を対象とした物まね芸に、新しく幽玄味を加味したものであったが、それが当時の義満の好みにぴったり合致したのであった。幕府の重鎮でありまた義満の指導役でもあった細川頼之が義満に与えたものは徹底した貴族趣味教育であり、また「大樹を扶持した人」と言われた二条良基との交際を通して、義満は和歌・連歌・蹴鞠《けまり》・管弦等の教育を身につけたが、やはり育ちは育ち、いきなり王朝的な世界にひたるよりも、義満にとっては観阿弥の「幽玄的物まね」の方が、実はくつろげた場所だったのではなかったか。禅僧義堂周信が、かつて、関東管領の足利基氏は仏法・政道の他、管弦・技芸すべて好まざるはなかったが、ただ世俗の好む田楽はついに一度も見なかった、と言って暗に義満を諷《ふう》したというのも、義満の猿楽好きが施政者として度が過ぎていたことを示すものであろう。

このように義満の庇護を受けながらも、観阿弥は、やはり自らの基盤である大衆の存在ということは忘れなかったようで、晩年まで田舎や山里へも出向いて行ったらしく、至徳元年（一三八四）五十二歳で死去したのも、駿河国浅間《せんげん》神社の法楽能《ほうらくのう》に下向して、はなやかな舞台姿で見物を魅了した直後のことであった。いかにも大衆の中から出た観阿弥にふさわしい

観阿弥の供養塔？　大和郡山城石垣中から発見。下壇中央に「観阿弥」、左右に「天文三年甲午五月五日」と彫（きざ）んである。ただし清次のことか否かは不明。大和郡山市民会館前。

最期の場であったと言えよう。

観阿弥の一生をふり返ると、まず伊賀で座を樹立し、ついで大和へ、更に京都へと、次々に活躍の場を移したことが興味深く思われる。第一段階において伊賀の地方農村、第二段階として古代からの勢力を持つ大和の寺社、そして第三段階として、京都における新興の武家貴族と都市民、このように自分の一座を支持し保護する層を次々と乗り換えていったのである。南北朝の動乱を契機として、寺社がその生存基盤とした荘園を失い、また宗教の権威もしだいに薄らいで来、それに対し新しい都市民が興隆していた時代であったことを思う時、まことに時代を見、芸能を支える層を摑《つか》んだ行動というべきで、このことは彼の芸能の座経営者としての手腕の並々でなかったことを物語っていよう。

だがそれをなし得たというのも、一つには彼が農村でも都市でも受け入れられ、また上は将軍から下は大衆にまで賞美される広い芸域の持ち主であったことによるであろう。その子世阿弥の証言によると、観阿弥は若盛りの折から﨟《ろう》たけた風体を得意とし、逆に四十を越してから演じた〈自然居士〉では水もしたたる美少年姿を見せた。大男であったにもかかわらず、女能を演ずる時はほそぼそとなり、〈吉野静〉や〈百万〉のような幽玄なものも得意とした。それでいて一方鬼の体もよし、怒れる姿もよし、人情劇的なものものもまたよしとあり、これでこそ諸人の心をやわらげ、上下の人びとの支持を受けることが出来たのである。

また彼が作ったと伝える能を見ても、そこにはいかにして大衆を喜ばせ、併せて舞歌幽玄の味を舞台にただよわせるか、という点に注意が払われていることがわかる。その代表作であり得意の芸であった〈自然居士〉は、永仁四年（一二九六）の『天狗草紙』にも描かれている鎌倉末期に実在した代表的説経僧である。正和二年（一三一三）『三井続燈記』や、また『桂川地蔵記』にもこの人が風流《ふりゅう》の飾り物の題材になったことが記されている。当時の観客にとっても非常に身近な人気者的存在であった。この自然居士が人買いから子供をとり戻す物語がこの能である。詳しくは後に触れることにするが、その人買いとの手に汗握る問答の後、この自然居士による中《ちゅう》の舞、曲舞《くせ》、ささらの舞、羯鼓《かっこ》の舞と、次々芸尽くしが展開される。これも子供をとり返すための芸尽くしで、問答から舞へのつながりが非常に自然に観客に受け入れられる。〈卒都婆小町〉にしても〈吉野静〉にしても、そこには決して古典中の人物ではなく、小町伝説や判官《ほうがん》伝説の口承によって大衆に親しまれた人物を舞台に上《のぼ》せている。そして多くは対話による物まね系に属する能で、それでいて適宜神事芸の系統を引く

九位	
上三花	(上)妙花風
	(中)寵深花風
	(下)閑花風
中三位	(上)正花風
	(中)広精風
	(下)浅文風
下三位	(上)強細風
	(中)強麁風
	(下)麁鉛風

舞が挿入されたり、物狂の体を見せたりする。そこには後の世阿弥につながる幽玄の風体もあれば、大和猿楽本来の劇的な流れも含んでいる。芸風という点でも作風という点でも、観阿弥の広さと大きさは他に類を見ない。

「中初・上中・下後」の人

こうみて来ると『申楽談儀』（序）の中で世阿弥が次のように言っているのはまさに観阿弥に対する最高の評価ということになろう。

「九位」の上三花に相当する高級な芸でも、あたかも峻嶮《しゅんけん》な山々をわけなくくずし平らげて、平地を行くようにやすやすと演じこなし、中三位の芸も自由自在に演じてみせたし、さらには、下三位の強々《つよづよ》とした能にも鋭い切れ味をみせ、憂世の塵に交わって衆生を救う仏さながらに、あえて下位の芸を演じて鑑賞眼の低い人々にも面白く感じさせるといった芸域の広さは、偉大な先人たちのなかでも観阿弥ただ一人であろう。

ここにいう「上三花」「中三位」「下三位」という言葉は説明が必要であろう。世阿弥は『九位』という書物で、能の芸の位を上中下三位に分かち、また、それを更に三段階に分けて計九位に分類し、それぞれに妙花風《みょうかふう》とか寵深花風《ちょうしんかふう》とかの名を付している。そして稽古の際にはまず「中」の下の浅文風《せんもんふう》から入れ、と言う。「下」からでないところに注意する必要があろう。そして「中」からしだいに「上」に進み、「上」の上を極めたならば、また「下」の位にまで下がれと言うのである。「中初・上中・下後」とはなかなか含みのある言である。ところが、実際問題として「上」の上まで行きついた人はいても（それだけでも名人の資格十分であるが）、そこからもう一度「下」の世界までおりて来た人は、観阿弥ひとりだけだと言うのである。将軍の褒美《ほうび》を得、庇護を受け、それでいてなおかつ駿河にまで下って行った観阿弥ならではと思えるこの評価である。その点世阿弥自身はと言えば、これは上三花で留《とど》まった人ではなかったか、という気がする。無論彼の到達した上三花は、父観阿弥のその地点よりも更に高い境地であったであろうけれども。

　観阿弥と世阿弥はどちらが偉いか。これは難問である。一人を選べというのはしょせん無理であるが、大きさでは観阿弥、深さでは世阿弥といっておけば、まずは当たらずといえども遠からずということになろうか。

三　世阿弥の活躍——応永まで

生年論

世阿弥はこの観阿弥の子として、貞治二年（一三六三）に生まれた。それは足利尊氏が逝去して五年、二代将軍義詮《よしあきら》の治世下であり、父観阿弥三十一歳の時の子ということになる。本名観世三郎元清《もときよ》。幼名を鬼夜叉といった。もっとも、この貞治二年を生年とする説には絶対的な確証はない。大体この時代の猿楽者の生没年などわからないのが普通で、観阿弥や道阿弥《どうあみ》の場合、『常楽記』という文書によって死去した年月が知られるのがむしろ奇蹟といってよいほどなのである。世阿弥の場合は、晩年の永享四年（一四三二）に記された『夢跡一紙《むせきいっし》』という文の中に「当道を相続して、いま七秩に至れり」とあるその「七秩」を文字通り教え年七十歳と考え、それから逆算して貞治二年という生年を算出したのである。この他には、後にも触れる〝伊賀観世の系図〟の世阿弥の個所に「正平癸卯十八歳長岡上嶋館生」とあるのがこれについての唯一の記載であった（南朝の正平十八年が貞治二年に当たる）。ただしこの系図は文化文政頃の写しで、後代の作成である可能性も多い。そんなところからこの貞治二年説に疑問が持たれ、他の観点から貞治三年説が提唱されて、これを巡ってはでに論じ合われたこともあったが、昭和四十二年（一九六七）伊地知鉄男氏によって東山御文庫中の『不知記』に次のような記事のあることが報告されて、この件は一応終止符を打った。これは崇光上皇の日記であるが、その永和四年（一三七八）四月二十日の記事に、〃伏見大光明寺の僧崇格が、「先日二条良基と猿楽の観世の垂髪（少年）が連歌をした。この稚児は先年十三歳の時に良基に初見参し、藤若という名と、

松が枝の藤の若葉に千とせまでかゝれとてこそ名づけそめしか

という和歌を賜わった。それからすると今年は十六歳か」と言った〃と記している。二条良基が少年時代の世阿弥を愛し、名を与えたことは、これも福田秀一氏が紹介された良基書簡とその奥書にも記されているところだから、この『不知記』の記事は大体信用してよいであろう。永和四年（一三七八）に数え年十六歳とあればまさしく生年は貞治二年ということになる。

むろん、これとて『不知記』の記事が崇光院の伝聞による聞き違いということも考えられ得るし、貞治三年説にもまだ捨て切れない所もあるけれども、今の場合、世阿弥の生年の一年二年の違いが、別に彼の生涯や作品に大きなかかわりを持つものとも思えないので、本書においては以後は通説通り貞治二年生まれという線で話を進めることにする。

同朋衆・時衆の問題

この生年論とともに論議の種となったものに世阿弥が足利将軍の同朋衆《どうぼうしゅう》であったかどうか

ということ、また世阿弥が時衆であったかどうかということの二点がある。同朋衆というのは将軍の側近に侍して雑用をする役であるが、世阿弥が同朋衆であったという説は江戸時代からあり、義満の寵童であったという説ともあいまって近年特に重視されていた。それに対し、それは同朋衆をまるで文化顧問のように実際以上に社会的地位を高く考え過ぎた説であるとし、同朋衆とは走り使い的なもので能役者が兼帯出来るような職務ではないことや、同朋衆は法体《ほったい》していたことが常であるところから、六十歳で剃髪したと思われる世阿弥が同朋衆たることはあり得ないといった立場からの反論が出ている。確かにもっともな意見であるが、この場合問題にすべきは、世阿弥が同朋衆であったかどうかということではなくて、同朋衆と伝えられるほど義満と接近した場所で人となったということであろう。つまり世阿弥は前述の良基書簡や『不知記』その他で知られるように幼少の頃から義満・良基の文化人と接し、都市的・貴族的文化圏内で成長したのであった。その点が、まず伊賀で一座を樹《た》て、ついで大和、最後に京都と、一つずつ段階的に進出して来た父観阿弥と根本的に違う点で、この点を確認しておきさえすれば、世阿弥同朋衆・非同朋衆論はさして問題にすることもないと思われる。

時衆説にしてもそうである。一遍（一二三九―一二八九）の始めた時宗の勢力は、中世においては強大なものであり、民衆を物凄い力で時宗の中に巻き込んでいった。その時宗の同志を時衆と呼ぶが、世阿弥が果たして時衆の徒であったかどうか。世阿弥陀仏の略である世阿・世阿弥という号を名乗る以上、何らかのかたちで彼が時衆とかかわりあったことは事実であろう。しかしこれも現在のようなはっきりした宗門組織があったわけではなし、時衆であったかどうかが世阿弥の作品に大きな影響を与えているかどうかの方が大きな問題だと思うのであるが、残された作品からはどうもそれほどのことはなさそうである。それよりは時衆であることの社会的な意義の方を考えるべきであろう。すでに言われているように、中世の芸能人の多くは散所《さんじょ》の出であり、大部分は法体となり賤民として扱われた。そのことは、ある意味で卑しめられていたと同時に、ある意味では人びとのアイドルともなり、教養も身につけ、非常に自由な立場で行動出来たということでもあった。従って彼らは貴人の前へもまた危険な戦場にも自由に推参が許されているのであるが、その点は時衆も同様で、つまり身分格差の解消という点で芸能人と時衆とはその立場が重なり合うものがあったのである。この場合も世阿弥が芸能人として自由な立場に立つために、適宜時衆のヴェールをかぶったという程度のことではなかろうか。というわけで、生年・同朋衆・時衆という近年の論争点についてはこの程度にとどめて、これ以上深追いしないでよいと思う。

伊賀観世の系図

さて、父観阿弥が伊賀から大和に進出し、結崎に座を樹てたのが世阿弥の生まれた貞治二年（一三六三）の頃と思われる。従って世阿弥が生まれた場所も、伊賀とも大和とも考えられるが、これについて〝伊賀観世の系図〟には、伊賀国長岡の上嶋館で生まれたとある。この系図は伊賀の久保文雄氏が昭和三十二年（一九五七）と三十五年、二度にわたって学界に紹介されたもので、氏も認めておられるように疑問の点も少なからずあるけれども、非常に興味深いものを含んでいるので次に掲げておこう。前に触れた観阿弥と楠木正成血縁説の出所である。なお〝伊賀観世の系図〟には「観世系図」と呼ばれているものと「観世福田系図」と呼ばれているものと二種類あるが、ここにはより詳しい「観世福田系図」の方を、世阿弥周辺の人びとを中心に掲げることにする。

　これらはいずれも江戸時代末期の書写とされる。その点でまず信頼性に欠けると言わざるを得ない。だがそれにしてもよく出来た系図である。観阿弥の「文中甲寅〔応永七年〔一四〇〇〕〕京ニ起ル」というのも今熊野の上覧能の年代と合致するし、世阿弥が正平十八年〔貞治二年　一三六三〕の生まれというのも前述の『不知記』や『夢跡一紙』から推定逆算したものと一致する。その子の中で実の甥である音阿弥《おんあみ》元重を最初に記しているのは、世阿弥――音阿弥の線を流祖と考える観世家の伝えによったのであろうが、実の長男十郎元雅《もとまさ》の兄に「元次《もとつぐ》〔金花丸五郎・源泉沙弥〕」なる人物を配しているのは、応永二十五年（一四一八）『風姿花伝』の「別紙口伝」を相伝されたと奥書に記す「元次」のことであろうか。その「五郎」という名も、応永二十九年四月十八日「観世五郎」という人物が「同三郎」（音阿弥であろう）とともに醍醐清滝宮で猿楽を上演した記事が『満済准后日記《まんさいじゅごうにっき》』に見えている、その五郎と関係づけて考えることも出来る。

- 清次　始観世丸三郎実父伊賀国浅宇田領主上嶋慶信入道景守次男治郎左衛門元成三男杉内生長谷猿楽法師預人後市太夫家光養子也法名観阿弥母河内国玉櫛庄楠入道正遠女観阿弥文中甲寅歳京起父母家筋秘鹿苑殿前能座立也
  - 季次　童名藤丸正平乙未歳三月生上嶋館預人後改季宗杉内住
  - 元清　元清小名清太正平癸卯十八歳長岡上嶋館生母小馬多領主竹原大覚法師女元清始金春弥三郎勝清預人故弥三郎氏清
    - 元重　三郎大夫法名音阿弥
      - 正盛　又三郎　源之介
    - 元次　金花丸五郎　源泉沙弥
    - 元雅　十郎元雅伊勢国津木造殿屋舗足利家従斯波兵衛三郎云者殺
      - 女　大和箸尾　箸尾重丸妻
      - 元明　越智十郎
      - 元康　左衛門十郎
    - 女　金春妻
    - 元能　七郎次郎　越智入道
  - 元仲　四郎大夫　左衛門
    - 元音　弥三郎

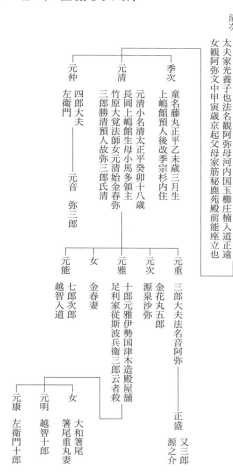

この「五郎」を「元次」だとすると観世家にとっても大事な人物らしいが、それ以後まったく記録の上に現われて来ない謎の人物である。それを、芸道を捨てて仏道に入り「源泉沙弥」となったからだとすれば、ちゃんと説明がつく。ともかくこの謎の人物「五郎」・「元次」をきちんと始末しているのだけでも、この系図は大したものである。

また世阿弥が『風姿花伝』第三の奥書で「秦元清」と名乗り、その子元能《もとよし》が『申楽談儀』で「秦元能」と署名していて、観世とはゆかりのないはずの秦姓を名乗っていることが従来はなはだ不審とされて来たのであるが、これも右の系図にいうように、世阿弥が初め「金春弥三郎勝清」の預り人であったとすれば納得出来る。金春家は秦河勝を祖と仰いでいるからである。観世家と金春家との関係についてはかなり交流があったようで事情はなかなか複雑と思われるが、この系図はこの点でも何かを踏まえて作成されていると言えよう。

こうした〝伊賀観世の系図〟に、観阿弥の母について、「母、河内国玉櫛庄、楠（橘）入道正遠女」とあり、これが事実なら正遠は楠木正成の父であるから、観阿弥は正成の甥で正《まさ》行《つら》は従兄弟ということになって、ますます話は面白くなる。さればこそ観阿弥は「父母ノ家筋ハ鹿苑院殿（足利義満）ノ前ニ秘」したのであり、また元雅が南朝の北畠氏の勢力範囲であった伊勢に下って客死しているということ（特に「観世福田系図」では津の木造殿――北畠の一族ではあるが北朝方に従った――の屋敷で足利方の斯波兵衛三郎なる者に殺害されたとある）、その子孫が南朝の勢力の強かった大和越智へ退隠し越智観世を名乗っていること、それらすべて世阿弥一族が〝南朝系〟であることの証拠となる。世阿弥南朝説、そしてそれが世阿弥晩年の失脚の因となったという説は従来からあったが、この系図はそれを補強するものと言え、この正成・観阿弥血縁説はその出発点になると言えるであろう。

以上のように〝伊賀観世の系図〟は興味津々たる諸問題を数多く含んでいるが、筆写年代が近世末期ということは別にするとしても、右にみた範囲でも、よく出来過ぎているという感じは否めず、これについての判定と利用については、今のところ大事をとって一応の参考資料という程度にとどめておいた方が安全と思われる。

少年世阿弥

さて世阿弥が京へ出たのは当然、父観阿弥の醍醐演能に従ってのことであろう。『醍醐寺新要録』に引用されている『隆源僧正日記』（応永三十一年〔一四二四〕四月二十日）の記事が、この間の事情を伝えている。この応永三十一年には世阿弥は六十二歳、すでに出家入道していたが、子らとともに新たに楽頭職となった清滝宮の祭礼に赴いた。隆源はこの日の日記に、その昔光済僧正が醍醐の座主であった時に観阿弥がこの寺において七ヵ日の猿楽を演じ、それより京辺においてその名声が上がったこと、世阿弥がその折小児でありながら至芸を見せたことを記している。光済の醍醐寺座主《ざす》であった期間とも考え合わせて、これは応安の末年世阿弥十歳頃のことと思われる。ついで十二歳（応安七年〔一三七四〕）、今熊野の能で父観阿弥が義満に認められる。これが観世座にとっても少年世阿弥にとっても大きな転機になったのは前にも述べた通りである。

ところで少年時代の世阿弥の才能はどうであったろうか。これについては次の二つの事実がその才の並々ならぬものであったことを示していると言えよう。

佐々木道誉《どうよ》（一三〇六―一三七三）という人があった。『太平記』でも活躍する南北朝時代を代表するバサラ大名であるが、一方茶道・花道・連歌などにも関心を持った文化人でもあった。この道誉は『申楽談儀』にも再三名前が出て、能に対しても一流の批評眼を持っていたことがわかるが、「しやく（寂カ）めいたる」田楽の一忠、近江猿楽の犬王《いぬおう》の「かかり面白」き音曲、笛の名手名生《めいしょう》らについて少年世阿弥にこまごま話して聞かせたのがこの道誉であった。ところがこの道誉は世阿弥が十一歳の応安六年（一三七三）に死んでいる。つまり『申楽談儀』の道誉聞き書きは実に世阿弥十一歳以前の記憶によるものなのである。

更にその翌年、十二歳の時、奈良法雲院の装束賜わりの能で田楽の喜阿《きあみ》弥の芸を見たことが、同じく『談儀』（序）に記されている。

わたし（世阿弥）が十二歳のとき、奈良興福寺の法雲院で（中略）田楽の能が頭屋《とうや》で演じられると聞いたので、その席へ参上し、どのような音曲が聞けるのであろうかと期待していたところ、喜阿が老翁に扮し、麻《お》の仮髪に面をつけず素顔のままで現われ、「昔は京洛《けいらく》の、花やかなりし身なれども」のひと謡を、なんら技巧をこらさず、まっすぐに謡ったが、後でよくよくわけを考え味わってみると、よりいっそう深い面白さを覚えたものである。

五十年前のことをこれだけあざやかに記憶しているというのも、この日の印象がよほど強烈であったからのことであろうが、同時にそれは少年世阿弥の感受性のすばらしさを物語るものと言えるであろう。

世阿弥と二条良基

このような自分の専門の猿楽能に関してだけではない。少年世阿弥は蹴鞠や連歌にかけても堪能であった。義満に認められた翌年、十三歳の時のこと、前関白であり当時最高の文化人であった二条良基に目通りをし、そこで藤若という名を与えられたらしい。それから数日後、良基は当時藤若が在住していたと思われる奈良東大寺の尊勝院主（尊信か。それだと良基の再従兄弟に当たる）に対し、次のような書状を送っている。

藤若暇《ひま》候はゞ、いま一度同道せられ候べく候。一日は美《うる》はしく心空《そら》なる様になりて候し。

藤若に逢った日は一日心が上の空になってしまった。ぜひもう一度つれて来てくれというのである。

わが芸能は中〳〵申すに及ばず、鞠・連歌などさえ堪能には、只物にあらず候。なによりも又顔立ち、振《ふり》風情ほけ〳〵として、しかもけなわ気《げ》に候。かかる名童候べしとも覚えず候。

「ほけ〳〵」とは良基が連歌論でよく使う語で、作品を褒められてぼうっとなるほどの強い感銘を受けた時の評である。「けなわ気」とはけなげ、りりしいというほどの意か。ともかく才芸美貌に対する最高級の賛辞を呈している。以下も『源氏物語』や和歌・連歌の例を並べて褒めちぎり、

将軍様、賞翫せられ候も、理《ことわ》りとこそ覚え候へ。得がたきは時なりとて、かやうの物の上手も折を得候こと、難《かた》き事にて候に、逢ひに逢ひて候事不思議に覚えて候。

「得がたきは時なり」「逢ひに逢ひて候事不思議に」とあるあたりに、当時六十に手の届こうとする良基の感慨のようなものが窺われる。

知る人のなき時は正体なき事にて候。

良基をこれほど感激させたのは一体世阿弥の何だったのであろうか。

相構〳〵此間に同道候べく候。埋木《うもれぎ》になりはてゝ、身の何処《いづこ》にか心の花も残りてんと、我ながら覚えて候。

「花」とは良基が連歌論で、そして後年世阿弥が能楽論で追求し続けた芸術美である。それがこんなところで使われているのは面白い。

此状、やがて火中に入(れ)候べく候なり。

「火中に入」は当時の書簡における常の結辞であるが、よくぞこれを尊勝院主は「火中に入」れなかったものである。お蔭で我々は老良基と少年世阿弥の出逢いをあざやかに捉えることが出来た。まさにこれは熱烈なラブレターと言ってよかろう。

これ以後も世阿弥は良基に才を愛《め》でられ、召されて連歌の付合をしたこともあったらしい。『不知記』にはその間の作品も二つ書き留められている。

いさをすつるはすてぬのちの世　准后
　罪をしる人はむくひのよもあらじ　児

きく人ぞ心空なるほとゝぎす
　しげる若葉はたゞ松の色　垂髪

良基は「以テノ外褒美」したとある。

この良基との最初の出逢いが『不知記』によれば十三歳である。義満に認められたのが十二歳、初めて京都に出た年からでも二、三年しかたっていないと思われるのに、その間に「鞠・連歌」も良基を感じ入らせるまで堪能になった。その連歌も右の作で見ると地下的連歌ではなく、完全に堂上的・貴族的連歌である。そこには父観阿弥を育てた農村の匂いはどこにも見当たらず、いきなり都市生活、貴族的教養から出発した世阿弥の人となりがそこには窺われる。世阿弥は一生涯にわたって父親の偉大さを称え続けているが、いかに彼が父と同じ道に従い父を追慕しようとも、このように出発点が違った以上、二人の世界が段々と離れて来るのは当然であった。観阿弥が最後まで重視した「田舎《いなか》・遠国《おんごく》」という文字が、世阿弥の伝書から途中で消え去った一つの因は、こんなところにもあったと思われるのである。

将軍義満と世阿弥

良基ばかりでなく義満の寵もいよいよ加わった。その芸を愛されたのか、美貌故か。おそらくその両方であろう。良基書簡の「将軍様、賞翫せられ候も、理りとこそ覚え候へ」がそれを物語る。そして永和三年（一三七七）八月十一日の三条坊門第の猿楽を経て、有名な永和の祇園会《ぎおんえ》当日を迎える。同四年六月七日のことである。この日義満は桟敷を構え、藤若を同席させて見物した。『後愚昧記』の筆者押小路（三条）公忠（一三二四—一三八三）は、これについて「カクノ如キ散楽《サルガク》ハ乞食《コツジキ》ノ所行ナリ。シカルニ賞翫近仕ノ条、世以テ傾寄ノ由」と記している。「傾寄」とは「かぶき」の意であろうか。しかしこの藤若に贈り物をすると義満が喜ぶので、諸大名はこぞって巨万の物を与えたとある。もって義満の寵愛ぶりを察すべきである。

ところで「乞食の所行」とある通り、猿楽は大和においては「七道の者」と言って、漂泊の白拍子や神子《みこ》・鉦叩・鉢叩・歩き横行・猿引等とともに下層の賤民の職とされ、同じ賤民階級たる声聞師《しょうもじ》の配下におかれていたのであった。その乞食の子が将軍の傍に侍り、諸大名がいかに義満の所存にかなうためとは言え、莫大な金品をこれに贈るのである。筆者公忠は、かつて葉室長宗に仕える青侍が、主の弟を双六の口論の末重傷を負わせた時、日記に「下剋上ノ世、凡ソ怖畏極マリナキノ秋《トキ》」（応安三年〔一三七〇〕九月二十六日）と記し、またこれより十三年後の永徳三年（一三八三）、義満が三宮に準ずる宣下を受けた時も「武家ハ先例傍例沙汰ニ及バズ」（六月二十六日）と書き留めた人であるが、この祇園会の日にもまた同じ感懐を持ったに違いない。

ただ注意すべきは、世阿弥の場合、猿楽能そのものは確かに乞食の所行であり、その一員である彼が義満と席を同じくして祇園会を見物することは明らかにこれまで例のないことには違いないが、その世阿弥の嗜好・教養は、再三言う通りはやくから都市的・貴族的であり、多分に良基・義満らの世界に同化し得るものであったことである。そこには父祖伝来の体質と自己自身の感覚との間に一つの矛盾があったと言わねばなるまい。この十六歳の少年藤若の持つ内部矛盾を、世阿弥はしだいに本来の体質をふり捨てて自己を伸ばしていくというかたちで解決しようとしていくのであるが、そのことは今後随処で触れてみたいと思う。

ところで世阿弥はいつ頃から能の修行を始めたか。その『風姿花伝』の「年来稽古条々」を見ると、七歳を稽古の初めとするとあるから、当然父観阿弥も我が子が七歳になった時に修行を始めさせたであろう。以下「年来稽古条々」では、「十二、三より」「十七、八より」「二十四、五」と分けて稽古の仕方を述べているが、十二、三歳の、何をしても愛らしい時分に続いて、十七、八になって声変わりし身体もひょろ高くなる少年期から青年期への移行期を第一の正念場《しょうねんば》とし、これを乗り切った「二十四、五」を「一期の芸能の定まる始め」と考えている。

ところが世阿弥自身について言えば、ちょうどその危機を乗り越えようとする至徳元年（一三八四）、二十二歳の五月に父をなくしたのであるから、それから後の世阿弥の苦労は大変なものであったと思われる。自らの修行もしなくてはならぬ一方、他の諸座の攻勢の中でせっかく盛り上がった観世座の座運の保持も考えねばならぬ。いかに義満の後援があったにしても、その辛労は察するに余りあるというものである。「年来稽古条々」に前の十七歳の苦境を突き破る方法として、「一期の堺ここなりと、生涯にかけて能を捨てぬより外は、稽古あるべからず」と言っているが、これは十七歳の生理的・心理的な危機に対処するためには違いないが、実はこの二十二、三歳頃の世阿弥の悩みをそのままぶちまけたものとみることも出来るのではないか。

世阿弥の再出発

ただ、この間における世阿弥の動静は不明であり、演能の記録も田楽能や金春大夫についてのものは若干あるが、観世関係のものは見当たらない。「観世福田系図」にいう「元清始メ金春弥三郎勝清ノ預人。故ニ弥三郎氏清」が根拠ありとすれば、この時期に金春弥三郎のところへ行って修行したのでもあろうか。

かくて世阿弥が再び我々の前に姿を現わすのは明徳の乱で山名氏清が斃《たお》れ、南北朝の合一もなって室町幕府の基礎の固まった明徳五（応永元）年（一三九四）三月十三日のことである。この日奈良興福寺の一乗院に下向した足利義満が「観世三郎」の猿楽を見物した由が、『春日御詣記』に見えている。世阿弥三十二歳のことで、これが確実な彼の演能記録としては最初のものである。この前後にも二、三義満を巡っての演能記事はあり、その中には世阿弥の演能も含まれていると思われるが確証はない。

一体、この時期における演能の記録というものは至って乏しい。演者の名前の記してあるものとなると更に乏しく、上演された演目やその評判まで知られるものと言えばこれはもう皆無に等しい。ある程度我々が満足出来るほどの記録が伝えられるのは、世阿弥の次の世代、音阿弥元重あたりからである。当時における猿楽能というものの位置というのは、実はこの程度だったのである。

応永六年（一三九九）四月には醍醐三宝院において「観世」の猿楽があった。記録の上では久々の京都演能である。ついで五月二十日、二十五日、二十八日には京都郊外山科の一条竹鼻で「観世」の勧進猿楽を興行している。猿楽能の他に「狂言猿楽」も行なわれ、赤松義則が「御桟敷」を用意しているから、義満も出向いて見物したのであろう。青蓮院・聖護院両門主も三日とも参会している。もし世阿弥がこの頃まで奈良に在住していたのだとすれば、この勧進猿楽は京都再進出のお目見え興行であったろう。またすでに京都にいたとしても、世阿弥もようやく三十七歳、「年来稽古条々」に「此比《ころ》の能、盛りの極め」とされ、天下の名望を得べき年とする「三十四、五」を越えたところである。その翌年応永七年（一四〇〇）四月にははやくも『風姿花伝』の第一「年来稽古条々」、第二「物学《ものまね》条々」、第三「問答条々」の初三篇が書かれている。長男元雅《もとまさ》を応永初年の生まれとすればこの頃七歳くらいに生長しているので、その稽古始めに自分が父から授けられた庭訓《ていきん》を記しておこうという自覚もあったのかも知れない。いずれにしても、この時期に勧進猿楽を行ない『風姿花伝』をまとめたのは、やはり世阿弥としてもいろんな意味で今が大きな峠を一つ乗り越えるべき時期だと考えたからであろう。

この応永六年の暮に応永の乱が起こり、大内義弘が討たれ、幕府の守護大名制圧の目的は一応達せられた。北山邸で代表される義満の全盛期が始まるが、この時期が世阿弥にとっても最も恵まれた時期であった。世阿弥という名を義満から与えられたのもこの頃であったらしい。『風姿花伝』は更に書きつがれ、第四「神儀」を経て九年（一四〇二）三月には第五「奥儀」が出来上がっている。この辺までは父観阿弥の教えをひたすら祖述しているが、この頃から世阿弥の中には少しずつ彼独自の能楽論が芽生えていたようで、それはしだいに第六「花修」を経て、第七「別紙口伝」から、次の『花習』（『花鏡』の下書き）へとまとめられていったようである。

一方演能の方も、義満の周辺を調べてみると、応永九年五月二十八日の義満邸猿楽、六月

二十七、二十九日の院参の際の猿楽、また七月十日に五条因幡堂で勧進猿楽が行なわれ、義満も臨席している。例によって誰の演能とも記してないが、世阿弥である可能性は強い。

北山邸行幸と義満の死

そして運命の年応永十五年（一四〇八）を迎える。この年の三月、義満は後小松天皇を北山邸に迎えて饗応した。もっとも、饗応と言っても一種の示威《デモ》であったことは言うまでもない。この行幸のことは『北山殿行幸記』や『教言卿記』に記されているが、たびたびの舞楽の他に猿楽能も再三催して院をもてなした。当然世阿弥も出演したことと思われる。もっとも、この演能に参加した役者の名前としては記録の上では『教言卿記』の三月二十二日に見える近江猿楽の犬王道阿弥《いぬおうどうあみ》以外は見出せない。この人は「上三花」の位を保って「中の上」にさえ落ちなかったという名手であり、当時猿楽能界の最長老であって、世阿弥同様義満にその芸を認められていた。この時の記録に犬王の名前しか見出せないところから、この時期には義満の寵愛は世阿弥から道阿弥に移っていたのではないかとする見方もあるが、前にも述べたように演能記事に演者の名が記されることの方がむしろ異例であり、『北山殿行幸記』を見ても、三月十五日に猿楽のことを記して「道の者共ここはと己が能（技芸）のある限りを尽くしたるもげにことわり」とあって、他にも猿楽者のいた書きぶりである。やはり世阿弥もこの催しには出演していたとみる従来の考え方の方が自然ではなかろうか。

しかし世阿弥の栄光もここまでであった。義満は北山殿行幸の二月後《ふたつき》、五月六日五十一歳で没した。これより先、応永元年（一三九四）、義満は征夷大将軍職をその子義持に譲っていたが、もちろんそれは名目だけのことで、実権は依然義満が握っていたのは言うまでもない。その義満が没したことで、ようやく四代将軍義持の天下が来たのである。覇者《はしゃ》の交代によって、これから世阿弥の悲劇が始まる。この義持の時代を次の義教時代と区別して世阿弥の第一次苦境時代と呼んでおこう。

第一次苦境時代

この裏には足利氏内部の複雑な権力争いがからんでいた。義持には八歳下の異母弟義嗣《よしつぐ》があった。父義満は義持よりもこの義嗣を愛していた。親王元服の式に準じて義嗣の元服式をあげ、いずれはこの義嗣を後小松天皇の養子として天皇の位につけ、自分は太上天皇になる計画であったという。従って義持に対する父義満の仕打ちは当然ことごとに冷たかった。それに報復するように、義持は義満の死後父の遺制を次々とくつがえしていった。亡父に対する太上天皇の贈号も辞退したし、北山邸の大部分を解体したのもその例である。大覚寺王朝への対応方針の転換、対明貿易の中止、ライバル義嗣の幽閉、すべて義満体制の打破でないものはなかった。

このような事実をみた場合、世阿弥に対する義持の態度がどうであったかは、おのずと察せられるであろう。義持の代になって世阿弥が勢力を失うようになった原因を、かねて義満没後のことを考えて世阿弥がその寵子義嗣にとり入っていたからとみたり、また世阿弥の芸が義持の好みに適《かな》わなかったからとする見方もあるが、いずれにせよその根底にあったものはこの義持の反義満的態度であろう。義満の息のかかったものはすべてくつがえそうとするのがこの時の義持であった。

義持のひいきしたのは田楽能の増阿弥《ぞうあみ》であった。この人もなかなかの名手で、世阿弥も「冷えに冷えた」（談儀・序）芸風の人として称賛している。一方当時ハイカラな楽器であった尺八を豊原量秋・敦秋らに習い、舞台でそれを用い（體源抄・五）、また「打ち向きたる田楽（田楽の持芸だけしか出来ないという片寄った役者）にてはなし、何をもするなり」（談儀・序）という当世風の幅広い芸を持った人でもあった。世阿弥型の「深さ」の人か、それとも観阿弥型の「大きさ」の役者か、ちょっと判断しがたいところはある人だが、ともかく父義満の愛した世阿弥に反感を持っていた義持にとっては、ひいき役者は世阿弥でなければ誰でもよかったというのが真相ではなかったか。

義満がなくなって四年、応永十九年（一四一二）以後、田楽能の記録が俄然増えてくる。この間の観世の猿楽能・田楽能関係の演能記録を対照して掲げておこう（＊印は観世かどうか不明であるが、参考までに記しておく）。

年	猿楽能	田楽能
応永十九	＊三月十一、十二日　今宮社勧進猿楽（山科家礼記） ＊四月二十日　醍醐猿楽（同） 十一月　神託により世阿弥伏見稲荷にて十番の猿楽（談儀・二四）	四月二十二日　常在光院にて田楽、義持見物（山科家礼記） 八月二十一日　常在光院にて田楽、義持見物（同右） 九月三日　冷泉河原にて勧進田楽、義持見物（同右） 同月二十八日　田楽、義持見物（兼宣公記）
二十	七月　北野にて幕命により観世大夫七日間の猿楽（後鑑）	三月十一日　河原にて祇陀林勧進田楽、新座、義持見物（満済） 四月九日　大炊御門河原にて田楽、義持見物（同右） 同月十九日　河原田楽、義持見物（同右）
二十一		三月十、十四、二十日　田楽、義持見物（同右）
二十二	四月十八日　醍醐清滝宮祭礼猿楽、観世四郎出演（満済）	三月二十九日　河原にて田楽（同右） 四月九日　田楽桟敷の記事（同右）
二十三		三月二十一日　田楽（同右）
二十四	四月二日　醍醐清滝講観世猿楽（同右） 八月二十五日　興福寺四座立合猿楽、義持見物（同右）	三月二十二日　田楽、義持見物（同右） 四月九日　田楽、義持見物（同右） 八月二十六日　興福寺にて増阿の田楽、義持見物

		（同右）
二十五	十一月十八日　春日若宮祭四座猿楽（興福寺日記）	三月九、十二、十七日　法勝寺五大堂勧進田楽、義持見物（看聞御記）
二十六		三月十七、二十二日　六角堂勧進田楽、増阿出演、義持見物（満済） 四月九日　田楽、義持見物（同右）
二十七		三月二十三日　河原院にて勧進田楽（看聞御記）
二十八		十二月二日　祇園御旅所にて大政所勧進田楽、増阿出演、義持見物（花営三代記）
二十九	四月十八日　醍醐清滝宮祭礼猿楽、観世五郎・同三郎出演（満済）	十月二十二、二十九日　勧進田楽、増阿出演、義持見物（同右）

という具合で、田楽能の方は勧進田楽・義持来臨という記事が並んでいるのに（記録に現われた以外にも同様のケースは多いと思われる）、猿楽能は都市での興行がほとんど見当たらないという対照的な事実が見られる。勧進興行とはもともと寺社や架橋に対する寄付興行であるが、それは同時にその芸能自体が、大衆から観覧料をとって見せるに足るだけの人気を持っていてこそ初めて成立し得るものである。つまり形式的には中世的宗教体制の枠内の興行のようであるが、実質的には近代的な貨幣経済的興行形態であった。後世永正年間とも

なれば〝寺社のため〟でなく〝観世大夫のため〟の勧進猿楽が行なわれている事実は、それを端的に物語るものであろう。

この間の猿楽能の演能状態を仔細に見ると、都市における観世の興行は確実なものとしてはわずかに応永二十年（一四一三）七月北野七本松で七日間の勧進猿楽が興行されているのみ、その他では奈良で二十四年（一四一七）八月二十五日と翌二十五年十一月十八日、四座立合猿楽が上演されているくらいしか記録は見出せない。しかも二十四年の場合、翌二十六日には増阿弥の田楽能があり、義持はそれにも臨んでいる。むしろ四座猿楽は慣習的に行なわれたとみるべきであろう。というわけで世阿弥一座は、貴人上覧という面でも大衆勧進というかたちでも、今や田楽能に圧倒されて来つつあったのである。

寺社猿楽への後退

このように、一旦進出した都市猿楽から後退を余儀なくされた世阿弥一座は、いやでも前段階である寺社猿楽に舞い戻らざるを得なくなる。『申楽談儀』（二四）によれば、応永十九年（一四一二）の頃世阿弥は稲荷の神託で伏見稲荷で十番の能を奉納している。このあたりからすでに寺社的段階への後退と言えようが、それ以外の演能は先の表でもわかるように、すべて醍醐清滝宮関係のものばかりである。都市猿楽から寺社猿楽への後退、それが父観阿弥が初めて京都進出を果たした醍醐の清滝宮に拠らねばならなくなったとは、まことに運命とは皮肉なものである。

清滝宮の祭礼は永く河内の榎並《えなみ》猿楽が楽頭職を勤めていた。楽頭職とは祭礼の際の芸能取締り係である。従ってこの職にある以上、榎並は毎年この祭礼には何をおいても自ら一座をあげて奉仕出勤すべきであり、もし差支えがあってそれがどうしても不可能な場合は、責任をもって代役の一座を差し出さねばならなかった。ところが応永二十年代に入ってからは、どうしたわけか榎並は過怠を続け、二十二年（一四一五）、二十九年は観世、二十四、二十五、二十六、三十年も、すべて他座に代勤させている。さすがに寺側も業をにやしたとみえて、榎並を叱責し、三十一年から観世が新たに楽頭職につくことになった。

ところでこの年新楽頭観世への謝礼は三千疋、つまり三十貫であった。当時の勧進猿楽の経済的な面についてはあまり資料がないのだが、永享七年（一四三五）近江長浜八幡宮の勧進猿楽の総収入が四百四十貫、猿楽方への謝礼が百十一貫二百文である。これに比べて清滝宮祭礼猿楽の謝礼はこれの三分の一にも足りない。興福寺の薪能《たきぎのう》においてもほぼ事情は同様であった。地方の勧進でさえこうであるから、京における勧進猿楽の収入と祭礼の楽頭職の収入の差はおそらく比較にならぬものであったろう。榎並が肝心の楽頭職を怠り続けたというのも、実収入のある旅興行勧進猿楽の方に力を尽くしていたからではないかと思われる。

まして武家での演能となると、応永三十五年（正長元年　一四二八）四月五日室町御所において観世三郎音阿弥《おんあみ》の受け取った額が何と五万疋、五百貫であり、その他の例もすべて百貫単位である。それに比べてあまりに少ない清滝宮の祭礼の楽頭職、一頃《ひところ》の観世なら見向きもしなかったであろうこの役職も、都市市場を失った今の観世にとっては、大切な〝名誉職〟だったのである。

音阿弥の生長

しかもこの時期になると、世阿弥にとって田楽の増阿弥以外に、今一つの大敵を迎えねばならなかった。それはほかでもない、世阿弥の弟四郎とその子三郎元重であった。同じ観世座の中の一つの分子が、晩年の世阿弥に、義持の増阿弥時代以上の第二次苦境時代をもたらすのである。

世阿弥の弟四郎については詳しい経歴はよくわからない。だが世阿弥から『風姿花伝』の第七「別紙口伝」を相伝されているくらいだから、技能も水準以上のものではあったのだろう。早く応永二十二年（一四一五）四月の醍醐清滝宮の祭礼には、榎並の依頼であろう、この四郎が出勤している。その子が三郎元重、後の名手音阿弥であった。その名が記録に見えるのは、応永二十九年（一四二二）、同じ清滝宮の祭礼猿楽で『満済准后日記』（四月十八日）に「観世五郎・同三郎」が勤仕し「神妙」であったとあるのが最初である。また、観世入道・牛入道がつきそって「諷諫」したとある。「諷諫」とは通常諫めるという意味であるが、ここは適当に指導し後見役を勤めたというほどの意であろう。観世入道とは世阿弥であり、牛入道とは『申楽談儀』（一八）に牛大夫とある人かと思われるが、世阿弥と並んで後見に当たっているのだから相当なベテランの猿楽者であったろう。観世五郎というのはわからない。前述のように「観世福田系図」には十郎元雅の兄に五郎元次なる人を設けており、またこの四年前の応永二十五年（一四一八）六月、四郎に続いて『風姿花伝』の「別紙口伝」を相伝された人物だとすると、この清滝宮にも筆頭大夫として奉仕するにふさわしい人物のようだが、それ以外に名も見えず、このまま能楽史上からは姿を消してしまう謎の人物である。ただこの書きぶりからすると、五郎―世阿弥、三郎―牛入道という線が浮かぶが、それからすれば世阿弥の血縁、それもごく近い関係の人物であろうということだけは考えられる。

そして応永三十一年（一四二四）、「観世」が清滝宮祭礼猿楽の新楽頭となる。この時のことは『満済准后日記』（四月十七日）と『隆源僧正日記』（四月十八日）と両方に出ているが、新たに楽頭となった者を、前者では「観世大夫」、後者では「観世三郎」と記している。観世大夫で観世三郎であった者と言えば世阿弥である。事実『隆源僧正日記』四月二十日の記事は、

伝ヘ聞ク、今日楽頭始ノ猿楽有ルベシト云々。コノ観世入道親ノ観世、光済僧正ノ時当寺ニ於イテ七ケ日ノ猿楽、ソレ以後名誉ニシテ京辺ニ賞翫セラレ了ンヌ。今ノ観世入道

ソノ時小児ニテ芸能ヲ尽クシ了ンヌ。コレマタ親ニ劣ラヌ上手ノ名誉ナリ。今子供三人マタ以テ上手ナリ、声誉コレアル三代ノ猿楽ナリ。名望相続シ今年コノ寺ノ楽頭タリ。珍重トイフベシト云々。

とあって、世阿弥のことを中心に記しているようである。ただこの時の「観世大夫」はすでに世阿弥ではなく元雅であったと思われ、また「観世三郎」と当時呼ばれていたのも世阿弥入道ではなく甥の三郎元重であった。そこでこの時の楽頭を元雅と考える人もあり、また音阿弥と考えることも可能であるが、これ以後応永三十四年（一四二七）、正長元年（一四二八）、永享元年（一四二九）と、「観世大夫」が勤めている記録が見えるから、やはりここは世阿弥が楽頭、ただし老齢のため実際には表に立たず、その差配を受けて観世大夫元雅が主として奉仕したとみておくのが穏当であろう。

ただ注意すべきは、ここで「子供三人」と記していることである。この前々日十八日の記事にも、

大和猿楽観世三郎新楽頭タリ。子供三人親ニ劣ラズ上手也ト云々。

とあるから、隆源は世阿弥に子供が三人いると思い込んでいたのである。世阿弥には（例の謎の人物「五郎元次」を別にすれば）男子は元雅・元能の二人であった。だからここは、従来も言われている通り、この二人の他に甥の三郎元重を世阿弥の子と誤認したと考えておくべきであろう。「観世三郎新楽頭タリ」という言い方までがこのことと関係があるかどう

かは何とも言えない（元重は世阿弥の養嗣子となったのではないかという説もあるほどである）。だが二年前、「五郎」とともに勤仕し、この年は二十七歳、立派に一人前の猿楽者として認められた元重の技量が、このような誤認を生んだのだと考えられる。

これよりあと数年間の元重の動静をここであらかじめ見ておくと、この三年後応永三十四年（一四二七）二月九日の興福寺薪能において、『大乗院寺社雑事記』に「今春《こんぱる》・十二次郎」とともに「観世三郎・同十郎」の名が見える。三郎十郎並列、それも十郎より前に三郎が記してあるところに元雅・元重両者の評価も少なくとも互角となっていたとみることが出来よう。このように世阿弥—元雅・元能のラインにとって、四郎—元重のラインは同じ観世家といっても、しだいに本家とは別個のところで勢力を高めて来ていたようだ。そしてそれが行きつくところは、永享元年（正長二年　一四二九）、有名な室町殿御所における多武峰《とうのみね》様《よう》猿楽において十郎・三郎の共演を、「観世大夫両座」と記し留《とど》めらるるに至る。応永三十一年（一四二四）から五年の間に、観世家はもはや世阿弥や元雅・元能のものばかりではなくなったのである。

応永末年の世阿弥

このように、応永末年の世阿弥は田楽能の増阿弥に都市を追われ、また同族の中に三郎元重という強敵を持ち、逆境の中に不安を抱いて世を送っていたのであった。しかも年齢的には、「せぬならでは手立てなしと云《いえ》り」と『花伝』や『花鏡』に記した「五十有余」もとうに過ぎ、六十の坂を越えた。演能はもっぱら大夫元雅に譲った世阿弥としては、情熱を注ぐものと言えばただ伝書の執筆とそれに適った能を作ることだけだったようである。義満が死んだ応永十五年（一四〇八）から十年間の思索の蓄積期間を経たところで応永二十五年（一四一八）二月の奥書を持つ『花習』の抜き書きが残っているのを初めとして、二十六年には『音曲声出口伝』、二十七年『至花道』、二十八年『二曲三体人形図』、三十年には『三道』とやつぎばやに書きつがれ、『花鏡』もこの前後に成ったと思われる。能の最も能らしい形式である複式夢幻の形態を創出したのもこの間のことらしい。これらはこの時期の逆境・不安に裏付けられて出来上がったものとみることが出来よう。

この間にも足利氏をめぐる内外の事情はいよいよ複雑になっていく。応永二十五年（一四一八）一月には幽閉中の義嗣が死んでいる。自殺か他殺か、いずれにしても追いつめられての死であろう。その五ヵ月後には近江大津の馬借の一揆が京に攻め入って強訴《ごうそ》、三十二年（一四二五）には先に将軍職を譲られていた五代将軍義量《よしかず》が十九歳の若さで死んだ。将軍空位によって義持再度の執政、その義持の死、そして前代未聞のくじ引きによる後継者の選出、それによって義持の弟青蓮院座主義円が還俗《げんぞく》して六代将軍となった。後の足利義教《よしのり》である。時に応永三十五年（一四二八）一月。間もなく四月には改元して正長となったが、追いかけるように八月には正長の土一揆が起こり、翌年また永享と改まる。この義持から義教への政権交代がやがて自分に第二次の苦境時代をもたらすということを知ってか知らでか、この時期の世阿弥は黙々と伝書を書き続けていたようである。

これで応永末年（一四二八）までの世阿弥の足取りを一通り眺めてみたのであるが、応永元年（一三九四）彼が初めて一人前の演能者として我々の前に姿を現わしてからこの応永末年まで、演能の記録は右に見る通り至って乏しいと言わねばならぬ。だがそれを通して言えることは、農村猿楽→寺社猿楽→都市猿楽（貴人上覧と大衆的勧進猿楽の両面を持つ）と、段階的に進出して来た観世座の猿楽が、世阿弥の代になってまた寺社猿楽の段階に後退を余儀なくされたということである。一体農村猿楽と都市猿楽とは、表面に現われたところでは一見大きな違いがあるようであるが、都市において勧進猿楽が成立するためにはやはり芸能における衆人性というものが重視されねばならず、その点では農村猿楽の場合と本質的に通じるところを持っている。それさえ摑んでおれば、一時貴人の嗜好に合わず上覧の栄に浴しなくなっても、一挙に勢力を失うことはなく、いずれはまた時を得ることもあるはずである。このことは世阿弥自身認識していて、

たとえ都において多くの人びとから、もてはやされたほどの演者でも、どうしようもない社会の変遷によって、一時、中央で受け入れられなくなる時期があるかもしれない。しかしその間に田舎や遠国で評判を得る花を失うことがなければ、芸の伝統がふっつりと断絶してしまうことはありえない。芸が断絶さえしなければ、またいつかは中央に進

出して華やかに受け入れられるときがあるだろう（風姿花伝・五）。
と記しているが、この点で実際面の配慮に世阿弥には欠けたところがあったようである。それが意識してのものか否かはわからないが、世阿弥の追求した「花」は、「田舎・遠国」で咲く花とはいつの間にか違った、もっぱら都市の、それも貴人向けのものになり、更には世阿弥自身にしか感じとれない「花」になってしまっていたのであった。

このように考えて来ると、世阿弥の晩年の悲劇は必ずしも義持・義教に責任を転嫁するだけでは済まされず、彼自身の中に胚胎《はいたい》していたと言えそうである。このことは実際に世阿弥の作品や能楽論をみればよくわかる。世阿弥の能は、現在からみれば幽玄本位の芸術味溢れるものではあるが、大和猿楽本来の流れからみた場合、いかに本流からずれた存在であったか、また『風姿花伝』に比し応永末年以降の諸伝書の理論が、非常にユニークな奥深いものを含みながらも、いかに当時としては高踏的で抽象的な理想論であったか、そのことは現代における世阿弥作品の意義、思想史上の世阿弥の占める位置とは別に、はっきり確認しておかねばなるまい。これからその作品や理論に筆を進めるが、それを通して世阿弥とその時代の大衆の好みとのずれを指摘し、それが正長・永享以後の第二次苦境時代の悲劇を生むに至ったという視点で考察してみたいと思う。

第二章　世阿弥の作品

一　能の作者

能の作者

これから世阿弥の作品について論ずるのであるが、その前に幾つか考えておかねばならぬことがある。まず第一は、世阿弥の作だけをとり上げて論ずるのではなく、他の能作者の作品も含めて能作の流れの上での世阿弥の能を考察してみるということである。そのためには世阿弥の他にどんな能作者がいるかを知っておく必要があろう。

世阿弥の他に注意すべき能作者というと、次のような人が挙げられる。多くは血縁関係にあるので、系譜にして掲げておこう（□を付したのが作者である）。

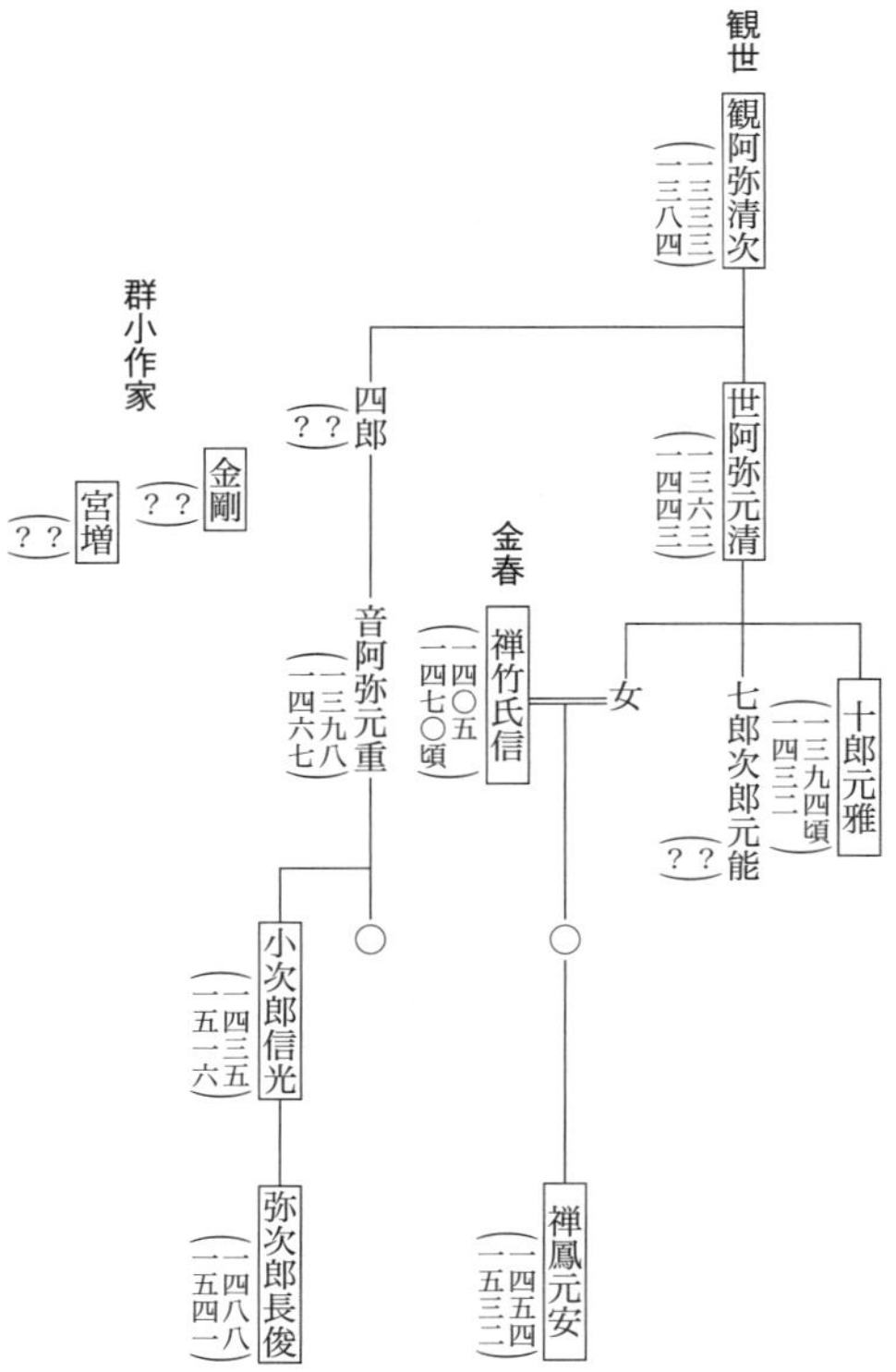

なおそれぞれの代表作と目されるものを記しておく。
観阿弥《かんあみ》　金札《きんさつ》・松風・自然《じねん》居士《こじ》・卒都婆《そとば》小町《こまち》・吉野静《よしのしずか》
世阿弥《ぜあみ》　高砂《たかさご》・老松《おいまつ》・実盛《さねもり》・忠度《ただのり》・敦盛《あつもり》・頼政《よりまさ》・井筒《いづつ》・砧《きぬた》・葵上《あおいのうえ》・融《とおる》・鵺《ぬえ》

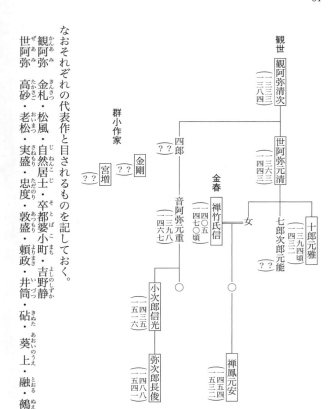

元《もと》雅《まさ》　隅田川・弱法師《よろぼし》・盛久《もりひさ》
禅《ぜん》竹《ちく》　賀茂・竹生島《ちくぶしま》・定家《ていか》・芭蕉・雨月《うげつ》・玉葛《たまかずら》・大会《だいえ》・谷行《たにこう》
金《こん》剛《ごう》　絵馬・鳥追舟《とりおいぶね》・一来法師《いちらいほうし》・実検実盛《さねもり》・馬乞佐々木《うまこいささき》
宮　増　氷室《ひむろ》・元服曾我・調伏曾我《ちょうぶくそが》・小袖曾我・夜討曾我《ようちそが》・鞍馬天狗・烏帽子折《えぼしおり》・摂待《せったい》
小次郎　玉井《たまのい》・九世戸《くせのと》・胡蝶《こちょう》・吉野天人《よしのてんにん》・遊行柳《ゆぎょうやなぎ》・舟弁慶《ふなべんけい》・紅葉狩・羅生門
禅《ぜん》鳳《ぽう》　嵐山・東方朔《とうぼうさく》・生田敦盛《いくたあつもり》・一角仙人《いっかくせんにん》
弥次郎　輪蔵《りんぞう》・江野島《えのしま》・大社《おおやしろ》・正尊《しょうぞん》・親任《ちかとう》・河水《かすい》

問題点の第二は、これらの諸作をどうしてその人のものと考定したか、ということであるが、これはなかなかむつかしい。もとより作品に作者の署名などない。この場合幾つか作者《さくしゃ》付《づけ》というものが残っていて、作者考定の手がかりを与えてくれるけれども、作者付の中には素性《すじょう》のはっきりしないものもあり、記載に矛盾のあるものもある。特に世阿弥の場合、それらに世阿弥の作とされているものを全部並べてみると何と二百番を越して、現行曲に限ってもその半数以上が世阿弥作ということになってしまう。作者付というものは、それぞれ何らかの根拠があって記されているのであろうから、一概に退ける必要はないと思うが、世阿弥の場合には、やはり能作者の中で最も高名で権威のある人だけに、作者として仮託されることも多かったと考えられ、他の作者の場合に比し作者付の信用度は低いと言わねばなるまい。それに世阿弥（およびその父観阿弥）には、『三道』『申楽談儀』『五音』といった彼自身の手になる伝書の中に、作者についての記述がなされているのであるから、まずそれらに記された曲を中心に考察を進め、作者付の類は参考資料にとどめておくべきであろうと思う。

世阿弥の作品

これらから世阿弥自身の作と考えられる曲を拾ってみると、まず『申楽談儀』（一六）に「世阿作」と明記してある二十二曲、

八幡《やわた》（弓八幡）・相生《あいおい》（高砂）・養老《ようろう》・老松・塩釜《しおがま》（融）・蟻通《ありとおし》・箱崎・鵜羽《うのは》・盲打・松風村雨《まつかぜむらさめ》（松風）・百万《ひゃくまん》・檜垣《ひがき》女（檜垣）・薩摩守《さつまのかみ》（忠度）・実盛《さねもり》・頼政・清常（清経）・敦盛《あつもり》・高野《こうや》（高野物狂）・逢坂《おうさか》（逢坂物狂）・恋重荷《こいのおもに》・佐野《さの》の船橋《ふなばし》（船橋）・泰山府君《たいさんぶくん》

このうち〈盲打〉は散佚《さんいつ》して見ることが出来ないし、他にも本文は伝わっているが現在は廃曲となっているものが幾つかある。この二十二曲はすでに『談儀』をさかのぼる七年前、応永三十年（一四二三）『三道』において新作の規範としてそっくりそのまま曲名が掲げられているので、これらの曲はその時点における世阿弥の自信作であったとみてよかろう。

次に『五音』という、音曲に関する書物から世阿弥の作と考えられるものが、現存曲だけで三十曲ある。

富士山・須磨源氏・桜川・通小町《かよいこまち》・井筒・融・葵上・箱崎・恋重荷・班女《はんじょ》・水無月祓《みなづきばらい》・花筐《はながたみ》・松風（後のみ）・難波（芦刈《あしかり》）・錦木・当麻《たえま》・春栄《しゅんえい》・舟橋・橋立（丹後物狂）・鵺・鵜飼・千手（現行〈千手〉とは別の佚曲）・忠度・野守《のもり》・弱法師（クセのみ）・蟻通・実盛・西行桜・伏見・飛火（采女《うねめ》）

○印は『申楽談儀』にも自作としているものである。その他に、諸伝書類から世阿弥作と考えられるものとして、

放生川《ほうじょうがわ》・右近・阿古屋松・砧《きぬた》・柏崎

等も加えてよかろう。

ただこれらを世阿弥作とするといっても、それは現代戯曲の作者と同一に考えることは出来ない。たとえば名曲の誉《ほまれ》高い〈松風〉は『五音』によれば、〽心尽しの秋風に」の部分は観阿弥作曲、〽げにや思ひ内にあれば」の部分は世阿弥の曲とあるが、他にも〈汐汲〉という題の〽それ汐を弄する身にあらずは」という、いかにも〈松風〉に使えそうな詞章が田楽の亀阿弥の作として記されている。これについては、『三道』や『談儀』の記述から、もと汐汲の物まねを主題としていた亀阿弥の田楽能〈汐汲〉を、〈松風〉と改めて、猿楽能に仕立て直したのが観阿弥、それに後段を付け加えて現在のようなかたちにまとめたのが世阿弥と考えられていて、その成立過程の複雑さを物語っているようである。またその他にも、昔観阿弥が芸の盛りの頃に得意とした〈嵯峨の大念仏の女物狂の能〉の後身〈百万〉を『談

儀』（一六）では「世子作」としているし、同じく〈鵜飼〉〈柏崎〉について「榎並の左衛門五郎作也。さりながら、いづれも、悪《わろ》き所をば除き、よきことを入れられければ、皆世子の作なるべし」と記しているところにも、当時の能作の実情が物語られていると言えるであろう。著作権などない時代であるから、他人の作に手を加えて勝手に新作と称して上演することもあったろうし、他人の作詞に世阿弥が節付けする場合もあったようである。〈丹後物狂〉という能は『談儀』（一六）には井阿《せいあ》という人の作とされているが、別の個所には、もと夫婦が出て狂う曲であったのを、ある時世阿弥が上演する直前、楽屋で急に思いついて夫一人の男物狂に改めたのがもとで、それから人気曲になったのだと記されている。このような能界の実態を知るならば、世阿弥自身が「世子作」と記していても、それを厳密に今日の戯曲や小説の作者と同じように考えるわけにはゆかないのである。

だが、これら三書から世阿弥の作と考えられる右の諸曲を通覧してみると、やはりそこには大部分の曲に共通する作風のようなものは感じられ、また諸伝書で述べている能楽理論を具体化したところも多いので、大体これらをもって世阿弥の作風を論じて差支えあるまいと思われる。

能の分類

次にこれらの能の分類である。能の分類において一番よく用いられるのは、脇能《わきのう》・修羅物

（二番目物）・鬘物《かずらもの》（三番目物）・雑能（四番目物）・鬼畜物（切能・五番目物）という、俗に言う五番立《ごばんだて》分類法である。この方法は曲の大体の内容を表わしており、また一日の番組のたて方にもそのまま応用出来てなかなか便利ではあるが、実は明治になって確立されたもので、さして古い由緒のあるものではない。曲の構成や、ことに能の形成過程などを考えるに当たっては、それよりも、最近提唱されている、亡霊・化身等夢幻的な人物をシテ（主人公）とする「夢幻能《むげんのう》」と、シテ・ワキを問わず登場人物すべてが現実の人物である「現在能」とに二大別する分類に従った方がよいと思う。ただ曲の構成面では夢幻能と変わらないが、成立事情において、また曲の性格においていささか趣を異にし、伝来も古いと思われる「脇能」は別扱いしておいた方が便利なようだし、また夢幻能・現在能の両者の性格をあわせ持ち、そのどちらにも収まりがたい曲も相当あるので、「準夢幻能」（現在＝夢幻能）とでもいうべき一類も別にしておいた方が好都合のようである。また現在能の多くは劇的性格が強いので、私は「劇的現在能」という名で呼ぶことにしたい。従って、

脇能・夢幻能・準夢幻能・劇的現在能

の四種類に分けて、これから世阿弥の能を考えてみることにしよう。

世阿弥の作品傾向

先ほどあげた世阿弥関係の作の中から、世阿弥よりも観阿弥なり元雅なりの息がより強く

かかっていると思われる〈松風〉〈百万〉や〈弱法師〉の類と、佚曲を省いて、残りの四十三番を右の四分類にあてはめると次のようになる。

脇能　弓八幡・高砂・養老・老松・放生川・右近〔後に小次郎が手を加える〕・箱崎・鵜羽・伏見・富士山〔後に金春家で手を加える〕・蟻通（準脇能）

夢幻能　忠度・実盛・頼政・清経・敦盛（以上修羅物）

檜垣・井筒・当麻・采女《うねめ》（以上女体）

融・須磨源氏（以上貴公子物）

西行桜・阿古屋松（以上草木の精物）

船橋〔もと田楽能〕・錦木（以上怨霊物）

鵺・鵜飼〔榎並原作〕・野守（以上妖怪物）

準夢幻能　恋重荷・泰山府君・葵上・砧

劇的現在能　高野物狂・逢坂物狂・桜川・班女・水無月祓・花筐・芦刈・丹後物狂〔井阿原作〕・柏崎〔榎並原作〕（以上物狂能）

春栄（劇能）

一応右のような作品を中心に作能史上の世阿弥を論ずれば、まず大過ないであろう。ただし中には全体でなく一部分しか作っていないであろうと思われるものもある。十郎元雅の作とされる〈弱法師〉も、そのクセの部分は世阿弥作と『五音』に明記してあったが、同じように〈春栄〉や〈采女〉もそのクセや語りの部分だけしか作っていないのではないかと思われるふしもある。ことに〈采女〉は『五音』には〈飛火〉の名で見え、〽そもそも当社と申すは」以下の春日神社の由来の部分が世阿弥作で、それが現在の〈采女〉に見えるというだけの理由であるから、〈飛火〉を〈采女〉の別名だと考えることも出来るが、また一方、神社の由来の独立した謡物を両曲で採用したとも、世阿弥作の〈飛火〉を誰かが〈采女〉に改作利用したとも、いろいろのケースが考えられるのである。しかしさりとてこれらが世阿弥作でないことを積極的に証明する材料もないままに、ともかくこれらはここへ入れておくことにする。

さて右の諸作を一見すれば、夢幻能の多いのに気付くであろう。脇能というのも、構成の上では夢幻能と同じであるから、全体の三分の二が夢幻能ということになる。また現在能といっても、筋の面白さを狙った純然たる劇的作品は少なく、〈班女〉〈花筐〉〈桜川〉〈水無月祓〉、あるいは〈高野物狂〉〈逢坂物狂〉〈柏崎〉〈芦刈〉等物狂の能が圧倒的に多い。となると世阿弥という人は亡霊と物狂の出る能ばかり作った人ということになる。つまり物まね系統よりは歌舞の系統の上に立つ作風であったのである。そういったところに世阿弥という人の特色があると言えるが、それは同時に能作者としての偏りとみることもまた出来るであろう。

とかく我々は能と言えば亡霊か物狂の出るものと考えがちであるけれども、それは知らず知らずのうちに世阿弥という人を通して能を眺めているからであって、能には今一つ物まね的・劇的な面があり、室町時代においてはむしろその方が主流だったのである。世阿弥の作風はその点から言えば、他の作者群の流れからは孤立しており、そこに世阿弥の個性の強さ——偉大さをみると同時に、それが彼の後年の悲劇と結び付いているように思われるのである。そのことをこれから観阿弥を始めとする他の作者の作品と彼の作品を対比しながら探っていってみることにしよう。

二　大和猿楽の伝統——劇的現在能

大和猿楽の特質

遊楽の道は一切物まねなりといへども、申楽とは神楽なれば、舞歌二曲を以て本風と申すべし。

『申楽談儀』の冒頭の文で、十八ページに引用したものの原文である。遊楽の道とは能の道のこと、従ってこれは能の基本要素が「物まね」と「舞歌」の二つであることを示したものである。しかも『談儀』が、世阿弥が能において舞歌を第一と考えるようになった晩年の談話であることを思えば、これは猿楽能の要素の本流はむしろ物まねの方にあったのではないかと考えさせるものを含んでいるようである。

その証拠に、世阿弥の父観阿弥や、世阿弥以後でも大和の群小猿楽座であったために、伝統的な大和の風を残していたと思われる宮増、またそれとほぼ同じ立場と考えられる金剛とか外山《とび》とかいった人の作と伝えられる曲を見てみると、そこには現在の能の主流をなす夢幻能形式、一番の能のクライマックスを盛り上げてシテの舞へ持っていくという手法はほとんどなく、もっぱら現在能、それも劇的な物まね的傾向を持ったものばかりなのである。

観阿弥の代表作〈自然居士〉

観阿弥の作品は、素材の点から見て当時の民衆に非常に身近いものをもっぱらとり上げていることは前にも述べたが、それを能として脚色するに当たっても、自由な形式でごくわかり易い曲に仕立てている。素材が親しみ易いだけでなく、形式も親しみ易いのである。〈自然居士〉〈卒都婆小町〉〈吉野静〉等いずれもそうで、どれもが我々の抱いている〝能〟というものの概念から遠い、劇的変化に富んだ面白い能である。今その代表作〈自然居士〉を例にあげて少しく大和猿楽本来の劇的傾向を説明しておこう。

京都東山の麓、雲居寺《うんごじ》に、自然居士《じねんこじ》と呼ばれる説経僧がいた。そこへある少女が小袖を供えて、なき父母のためにと読経を頼む。ところがその小袖が実は少女が人買いに身を売って得たものであることがわかったので、居士は説法を途中でやめてすぐにそのあとを追い、大津の浜で船出しようとする人買いに交渉し、小袖を戻して少女を引きとろうとする。居士の強い態度に、ついに扱いかねた人買いは、居士が芸の達者であることに乗じて、芸尽くしを所望し恥をかかせようとするが、居士は少女のためならと、平然として中《ちゆう》の舞、曲舞《くせ》、ささら舞、羯鼓《かつこ》の舞と、次々に芸尽くしを見せ、その代償に少女をとり戻して都へ帰って行く、という筋である。

能とは亡霊か物狂の出るもの、という現在の認識からみればこの〈自然居士〉はおよそ能らしくない型破り的な作と思われようが、前代からの物まねという路線の上においてみると、ごく自然に劇としての体裁をなしていて、これこそ大和猿楽として正統派に属するのではないかと思われる。しかも主人公の自然居士という人が、当時の人にとって非常に身近な存在であった。また人買いというのも室町時代にさかんに横行したもので、有名な山椒大夫の伝説の生じたのもこの頃のことのようだし、また当時の歌謡を集めた『閑吟集《かんぎんしゆう》』に、

〽人買船は沖を漕ぐ　とても売らるゝ身を　たゞ静かに漕げよ船頭殿

という哀愁に満ちた小歌も伝わっている。そうした耳目に入り易い人物、日常的事件をごくわかり易いかたちでとり扱っているところに、観阿弥の態度が、そして大和猿楽の傾向がわかろうというものである。

むろん亡霊も出て来ない。白昼の出来事として終始するから、現在伝わる多くの能のように夢幻の世界を設定する必要もない。従って描写は現実的である。必然的に対話が多くなるが、その対話がまた実にきびきびしている。居士が人買いに小袖を投げ返し強引にその船に

〈自然居士〉　人買いに子供の身のしろ衣を投げ返す居士。シテ・深野貴彦。

乗り移ってしまったので、人買いが言う――。

人買「のうのう自然居士、急いで舟よりおん下《の》り候へ。

居士「この者（少女）を賜はり候へ、小袖を召され候ふ上は（受け取られた以上は）、返し賜はり候へ。

人買「参らせたうは候へどもここに笑止（気の毒な事情）が候よ。

居士「なにごとにて候ふぞ。

人買「さん候《おろ》ふ（左様《さよう》サ）われらが中に大法（おきて）の候、それをいかにと申すに、人を買ひ取りてふたたび返さぬ法にて候ふほどに、え参らせ候ふまじ（お返しできますまい）。

居士「委《くは》しく承《うけたまは》り候、またわれらが中にも堅き大法の候、かやうに身を徒《いたづ》らになす者（身を捨てようとする者）に行き逢ひ、もし助け得ねばふたたび庵室《あんじつ》（寺）に帰らぬ法にて候ふほどに、そなたの法をも破り申すまじ、またこなたの法をも破られ申し候ふまじ（そちらのおきてもこちらのおきても破るわけにはいきますまい）、所詮この者と連れて（こうなったからにはこの少女と一緒に）奥陸奥《おくむつ》の国へは下るとも、舟よりはふつに（絶対に）下りまじく候。

居士「拷訴といつぱ捨身の行《ぎやう》（痛い目と言ったってこちらは苦行で馴れているから平気だぞ）。

人買「舟よりおん下りなくは拷訴《ごうそ》を致さう（痛い目に遭わせるぞ）。

居士「命を取るともふつに下りまじい。

人買「なにと命を取るともふつに下りまじいとかや。

人買「命を取らうぞ。

居士「なかなかのこと（その通りだ）。

一読して十分内容は理解出来よう。それでいて居士と人買いの虚々実々の緊張したやりとりが伝わって来る。終りの方の「命を取らうぞ」「命を取るともふつに下りまじい」というあたりは、明らかに当時の俗語的表現である。能に俗語とは珍しいようだが、観阿弥や、後で述べる宮増の作品には少なからず見出せるところである。一般に能の文章と言えば、美辞麗句、和歌や漢詩をちりばめ、「つづれの錦」などと言われているが、それは世阿弥以後のことのようで、観阿弥たちの作品にはほとんど見られない。それは言うなれば、〝世阿弥以後〟の修辞法である。この一問一答のあたり、当時の観客はおそらく手に汗を握って聞き入ったことであろう。

だが単に手に汗を握らせせっぱなしではない。続いてこんな場面もある。人買いたちは居士に根負けして、自分たちだけ陸に上がって相談する。ともかく芸をさせて子供は返してしまおうときめて居士に言う。

人買「のうのう急いで舟よりおん上がり候へ。

居士「ああ、船頭殿のお顔の色こそ直つて候へ（ご機嫌が直ったようですな）。

人買「いやちっとも直り候ふまじ。

「お顔の色こそ直つて候へ」はとぼけたような調子、からかいの言葉である。人買いは大まじめに「とんでもない」と答える。当時の舞台なら苦虫を嚙みつぶしたような表情で演じることも許されたであろうし、観客はここでどっと沸いたであろう。〈自然居士〉にはこんなユーモラスな場面もあるのである。

このように〈自然居士〉は、素材という点から見てもセリフ・表現という点から見ても、非常に大衆的な傾向を持ったものであることがわかる。その他、京都雲居寺《うんごじ》から大津の浜への場面転換、芸尽くしを通しての舞の巧みなとり入れ方など、実に特徴的で、世阿弥的な能の概念にとらわれている我々の目には斬新《ざんしん》とさえ映るものを持っている。物まね系列を旨とした大和猿楽の、これは到達点を示した名作と言える。

観阿弥の作品傾向

こうした傾向は、その他の観阿弥の作を見ても、同じように見出せる。たとえば『卒都婆小町』は、前半では年老いた小野小町が、とある卒都婆《そとば》に腰掛けたことから、それを咎《とが》める高野《こうや》の僧と教義問答をし、見事言い負かす話であり、これも読んでみると実に面白い。現在ではこの能は大曲扱いされ、流儀のベテランでないと上演が許されず、従って重々しい感じの舞台になるのが常であるが、実はもっとたのしい能で、観阿弥の時代には、この問答のあたりはちょっとした掛合《かけあい》漫才の趣きさえあったのではないかと思われる。そのことは問答の最後に小町の詠む次の和歌からも察せられよう。

極楽の内ならばこそ悪しからめそとはなにかは苦しかるべき

（極楽の内では仏に無礼があってはなるまいが、極楽の外では、卒都婆に腰掛けたって無礼にも当たるまい）

「外《そと》は」を「卒都婆」にかけてしゃれのめしたものである。ここでも観客は沸いたであろう。

〈通小町〉〈古名〈四位の少将〉〉でもそうだが、小野小町は伝説の主人公として中世の民衆にも馴染み深い人物であった。〈吉野静〉も吉野山から義経を逃れさせるために活躍する静御前の話で、これも『義経記《ぎけいき》』などでお馴染みの物語。小町や静は中世の人にとっては昔の人と言っても決して古典の中の人物ではなく、伝承を通して民衆の間に生きていた人たちだったのである。

群小作家の作風

猿楽の座が農村や都市の大衆に基盤をおく限り、そこで演じられる能がこのような人物を題材とし、わかり易い表現・構成を持ったものとなるのは当然であった。観阿弥に限らず、世阿弥以外の大和猿楽の作者たちの作品を見れば、ほぼ同じことが言える。宝生座の先祖である外山《とび》、金剛座の祖金剛、群小猿楽座の十二、宮増等の作と伝えられたものを見ると、そこにはそれぞれの個性を越えた一連の作品傾向のようなものが見られる。

これらの人びとの作品には、『伊勢』『源氏』等、王朝の古典や「忠度都落」や「敦盛最期」等『平家物語』の抒情的側面に材を仰いだものはほとんどない。曾我兄弟の物語や判官伝説（牛若丸時代や没落期の義経を扱ったもの）を脚色したものは相当あるが、これらは現在でこそ古典的作品とされているけれども、当時においては国民伝説として民衆の間に語り伝えられていたのであった。〈調伏曾我〉〈元服曾我〉〈夜討曾我〉や〈鞍馬天狗〉〈摂待〉といった能を作り、曾我物作家・義経記に関心を持った作者とされている宮増という大衆的能作者が、一方で〈放下僧〉（伊豆国田方郡三島宿）、〈石子積《いしこづみ》〉（陸奥国信夫郡刀之庄）、〈大木〉（長門国阿武郡観音寺）、〈生贄《いけにえ》〉（駿河国富士郡吉原）という地方伝説を扱った曲を多く作っているのは、こう考えて来ると当然と言える。当時の民衆にとっては、伝承の中に生きていた自然居士や小野小町、曾我兄弟、そして無名の地方伝説の主人公は、それぞれに古典の中の光源氏や平忠度よりも遥かに身近い人物だったと思われる。

大衆作家宮増

この宮増は、群小猿楽座の大夫で能作者を兼ね、世阿弥よりはやや年下かと思われるが、もっぱら地方巡業をこととしていた人であったらしいということ以外にはっきりした事歴はわからない。だがその作品を見ると、世阿弥以前の能の傾向というものをあれこれと推察出来る部分を多く含んでおり、その点で注目すべき作家である。

〈石子積《いしこづみ》〉（別名〈刀〉）という作品がある。奥州刀之庄の兵衛家次の子、郷《きょう》の殿《との》は羽黒山へ上っていたが、今度同行の山伏たちと峰入修行の旅の途中たまたま父の館に宿泊する。家次の後妻が、継子郷の殿を陥れようと家宝の刀を盗み、郷の殿の笈《おい》に隠しておいたため、郷の殿は咎められ、山伏の大法石子積の刑に処せられようとする。しかし不動明王の助けにより、継母が物狂《ものぐるい》となり、我が子に家を継がせんために継子の郷の君を罪に落とそうとしたことを白状し、人びとも怨を忘れて加持祈禱をして継母の物狂いを直し、この後刀の家は長く栄えた、という物語である。

これも〈自然居士〉に劣らず劇的変化に富んでいる。刀の庄の由来を物語ったり、継母が物に憑《つ》かれて狂うなど、聞かせどころ、見せどころもある。登場人物も十人を越し、当然のことながら対話の部分が多い。謡の部分とても、

「……先達御酌に参らうずるにて候。〽御酌に立ちて盃を、取伝へたる弓箭の、家の昔の物語、思ひざしなるべし。親子なれども稀に逢ふ、珍しの盃や思ひ取りに呑まうよや、〱。互に強《し》ひつ強ひられつ、日影もめぐる盃の、返す〱も親と子に、相逢ふ今の嬉しさに、飲までいかがあるべきぞ。唄へや舞へと勇みつつ、其まゝ茲《ここ》に酔ひ臥して、更け行く月をも徒《いたづら》に、前後不覚と見えにける。

とか、いよいよ郷の君が石子積の刑に処せられるところで、父の嘆きを、

〽許させ給へ客僧たちとて、迷ひの親の身を、同じく石積に積みて給はせ給へや。心弱くて叶はじと、〱、引立て行くや山陰の、石子積とは名にぞ聞く、今更思ひ子の、最後を見るぞ悲しき。父は思ひに堪へ兼ねて、同行に向ひ手を合せ、暫《しばし》の暇たび給へ、今一目見んと歎きけり。見れば無残やな。積み重ねたる磐石の、中に押籠めかくばかり、千筋の縄を懸けずとも、そもいつ迄遁《のが》るべき。斯くあるべきと知らずして、法師になして亡き後を、弔はるべきあらましも、逆《さか》さま事や情なや。あら恐ろしや山伏の、法とて殺す殺生は、そもや出家の慈悲かとよ……。

と描いている。こうした詞章を見ると、謡曲というよりも、浄瑠璃とか、浪曲のような感

じがするであろう。当時の大衆に理解してもらうには、世阿弥の作に見られる「つづれの錦」ではいけなかった。まさにこれこそ当時の大衆にとって耳近な言葉であったし、このように山伏の接待を扱ったり、神木を扱ったり（大木）、他郷人疎外を扱うなど（生贄）、内容もいかにも地方人の生活に即したものであった。これらはすべて宮増が地方巡業の折などに取材したものと思われる。まさにこれこそ「田舎《いなか》・遠国《おんごく》」の能であった。これらの諸作は、最後には神仏が出現して奇瑞を見せるというものが多いが、そうした場面も含めて、ほとんどが現実の出来事として進行する。夢うつつのうちに、我々を過去の世界に導入し、古典の中の人物が、幻のように出現するという形式の能は、宮増に限らず、この類の作者の作品中にはほとんど見当たらないのである。

これらの人びとの経歴はいずれもはっきりしないが、多くは世阿弥よりは後の世代に属する人と思われる。しかし、作風から見ればむしろ世阿弥よりも古く、これを通して大和猿楽の伝統的な能の姿を推察して差支えないと思われるが、そこに見られるのは、言わば観阿弥の作品に泥臭さを加えたものという感じながら、世阿弥には見られない現実的で劇的起伏を持った能が大部分なのである。

世阿弥と劇的能

世阿弥の作品は前にも述べたように、夢幻能と物狂能が大部分で、物狂とても狂乱の余りに見せる舞が見せどころになっているから、言わばもっぱら歌舞系統の能を作った人ということになる。歌舞系統の能は実は大和猿楽にも古くからあった。しかしそれは神事系統、今日の脇能の世界にのみ見られるものであった。世阿弥はこれを他の部門にもおし進めて、能の構造改革をなしとげたのであったが、その反動として大和猿楽本来の劇的現在能は全くと言ってよいほど作らなかったようである。

ただ一つ、〈春栄〉という作品がある。宇治橋の合戦で捕えられた増尾春栄《しゅんえい》という少年を巡る物語で、弟の身の上を思う兄、春栄の健気さに感じそれを助けようとする敵将、そして春栄がまさに切られようとするその時に、鎌倉若宮別当のとりなしで助命の使が下って一同歓喜し、兄は喜びの舞を舞うという人情物である。『五音』によれば、この中の〽それ生死に」以下の部分が世阿弥の作曲であったらしく、従ってこの能全体も世阿弥の手になるとするのが通説である。だがこれも、その〽それ生死に」以下の部分が人間界の苦しみを述べて、三島明神に祈誓をかけるという内容であることを思えば、あるいは三島明神の縁起的な謡い物を世阿弥が作り、それをまた別人が〈春栄〉に挿入したと考えられなくもない。それほどこの〈春栄〉は世阿弥の作とは考えられにくい、あまりにも大和猿楽的な劇的現在能なのである。

だがこの〈春栄〉が世阿弥の作であったとしても、全体として世阿弥が能における物まね的・劇的傾向を、それまでの作者とは比較にならぬほど軽んじたことは確かである。彼にとっては能とは舞でなければならなかった。従って夢幻能か物狂能のように、感情のたかぶり、劇としてのもり上がりを舞で表現するという様式のものがあくまで本道であり、そこには物まね的・劇的なものの入る余地というのは、ほとんどといってよいほど考えていなかった。「舞歌二曲を以て本風と申すべし」という世阿弥の言葉が、ここで更《あらた》めて思い出されるのである。

三　能の神々——脇能

脇能と歌舞性

世阿弥が生まれ育った大和猿楽の芸風は、もともと劇的傾向の濃いものであった。ところが世阿弥は一代の間にその物まね性を排して、能を非常に歌舞性の強いものに変貌させたのであった。父観阿弥の場合には歌舞の摂取、歌舞と物まねとの融合という程度のものであったが、世阿弥に至って物まね性は遥か後方に押しやられ、能＝歌舞といってよいほどそれは徹底したものとなった。

能の中でもともと歌舞性の強かった一つのジャンルが神事の能、脇能である。世阿弥はこの脇能をモデルにして、修羅物を始めとする、夢幻能という歌舞性の濃い能を創造したと言える。それは能の構造改革といってよいほどの大きな変革であった。だがそれをする前に世阿弥は脇能の内部においても一つの改革をなしていたようである。まずそのことから述べておこう。

脇能という名称は今日でもよく使われる。〈鶴亀〉〈高砂〉〈老松〉といっためでたい祝言性に富んだ能のことである。脇能という名称は〈翁〉にひき続いて上演される能、つまり〈翁〉の脇に演じられる能というところから名付けられたものである。

現在、脇能は全部で四十番ほどのものが伝えられているが、それらはほとんどが構成も同じなら曲趣とてさして変わりがなく、見ていても大して面白いものではない。正式の能の会では、〈翁〉付きの脇能を最初に、修羅物、鬘物《かずらもの》（女体能）、雑能、切能《きりのう》と五番立《ごばんだて》で上演するのであるが、最近のように忙しい時世ともなると、一日がかりで五番立の番組を組むということは一年に数えるほどしか行なわれなくなった。五番のうち、どれかを省略せねばならぬとなると、自然儀式めいて堅苦しい脇能をということになり、最近では脇能の上演率はきわめて低い。まして三番立、二番立、はては能一番と狂言一番という能の会が増えていく世の中では、ますます脇能に接する機会は少なくなる傾向にあると言える。

〈高砂〉と〈竹生島〉

その中にあってただ一つといってよいほどよく上演され、かつ有名な曲が世阿弥の〈高砂〉である。肥後国阿蘇の神主友成《ともなり》が都へ上る途中、播州高砂の浦で高砂の松を掃き清める老人夫婦に逢う。二人は友成と言葉をかわし、松のめでたい由来を物語り、まことは自分たちは高砂と住吉の松の精である、と言い残して摂津住吉の方へと立ち去って行く〔前場〕。不審に思った友成は、所の里人を呼び出して更めて松の由来を聞く〔間〕。里人のすすめに従い、友成が老人のあとを追って「高砂やこの浦舟に帆を上げて」住吉へ参ると、そこへ住吉の神が出現し、太平をことほいで颯爽《さつそう》たる神舞を舞う〔後場〕という筋である。高砂の松を前にし、熊手と箒を持った老人夫婦の姿は、誰しもおなじみであろう。

今一つ、これも脇能の中では比較的上演率の高い〈竹生島《ちくぶしま》〉という曲がある。世阿弥の女婿、金春禅竹の作と伝える。醍醐の帝に仕える大臣が、竹生島に参詣しようと琵琶湖畔に来て、そこで漁翁と海士女に逢う。その舟に便乗して竹生島に赴くのであるが、島に着くと老翁は竹生島明神の由来を物語って波間に消え、女は社殿に入ってしまう〔前場〕。不審に思った大臣は竹生島の社人を呼び出し、更めて島の由来を問う〔間〕。そこへ、先ほどの女は弁才天と化して社殿から、また老翁は竜神となって湖上へ出現し、国土守護の舞を舞う〔後場〕というのである。

〈高砂〉と〈竹生島〉を比較してみると、訪ねて行くのが神官であったり大臣であったり、場所が高砂の浦であったり竹生島であったり、また後場で出現する神が一方は一体、一方は二体であるという細かい違いがあるのは当然であるが、訪問者の登場・道行、化身の出現、問答、その退場〔前場〕、所の人の呼出・問答〔間〕、神の本体の出現と舞〔後場〕、という大筋においては両者全く同一である。いやこの二曲だけではない。所を賀茂とし、神を別雷神とすれば〈賀茂〉となり、所を太宰府とし、神を老松の神とすれば〈老松〉となるという風に、多少の例外を除けば脇能はきわめて類型性が強い。脇能のほとんどはこうした神の出現を扱ったもので、劇的ストーリーとてほとんどなく、いかにして最後の神の舞へ筋を運ぶかというだけのことである。「脇の能、……態はただ歌舞ばかりなるべし」（花習）という世阿弥の言葉も思い合わされる。こうした類型性・規格性が強いというところに脇能は儀式的なものであるという能作者の考え方が感じられる。ということは脇能に関しては、鬘物のように〈半蔀《はしとみ》〉もあれば〈熊野《ゆや》〉もあり、また四番目物に〈西行桜《さいぎょうざくら》〉もあれば〈安宅《あたか》〉もあるという、夢幻能・現在能とりまぜての自由な形式は見出せない。若狭地方に残った倉座猿楽の例を見ても、ここは近年まで寺社の祭礼に奉仕する習慣が続いていたのであるが、現在伝わる曲目三十番近くの、その多くが〈翁〉の他に〈高砂〉〈呉服《くれは》〉〈竹生島〉〈賀茂〉という風に脇能で占められているということは、古い時代における猿楽の座と神事と脇能の関係を暗示するものである。猿楽の座が農村に基盤をおいている以上、それは避けられないところであった。

神の影向

ところで、この脇能という神事芸能がどのような経路の上に立って成立したのかということを考えてみるに、思想的には民俗的な信仰が、構成としては鎌倉時代からの延年という芸能の影響が、強く感じられる。

古く『伊勢物語』(百十七段)にこんな話がある。

昔、帝《みかど》住吉に行幸したまひけり。

我見ても久しくなりぬ住吉の岸の姫松いく代へぬらむ

御神現形《おほんかみげぎやう》したまひて、

むつまじと君は白浪瑞垣《みづがき》の久しき世よりいはひそめてき

訪問者の前に住吉の神が出現するという筋は〈高砂〉の後場そのままである。作者の世阿弥もこの話は承知していたとみえて、この二首の和歌はどちらもそのまま〈高砂〉の本文に利用されている。神が影向《ようごう》(出現)し、太平をことほぎ万歳を祈るとは、古来人びとの夢みた願望であった。脇能はその具体化である。狂言とても同様で、〈福の神〉〈大黒連歌〉〈毘《び》沙門《しやもん》連歌〉といった脇狂言の類は、すべて諸福神が親しく人々の前に出現するという、脇能を簡略化したような構成をとっている。もっとも、これらはすべて出現した福神が人々に現世の福を与えることになっているのが、さすがに室町の町衆の信仰ぶりをよく表わしていて、いかにも狂言らしいと思わせるのであるが、それにしても神の影向を求める気持をじかに舞台に実現させてくれたのが中世の芸能人たちだったのである。

先行芸能延年風流

だが、このような神の影向を舞台上で表現したのは脇能が最初ではなかったようで、猿楽能より一時代古く、鎌倉時代に盛行した延年《えんねん》芸能の中には、この脇能の祖型ともいうべきものが、それもかなりまとまったかたちで残っている。そこを少し考えておかねばなるまい。

延年とは中世さかんだった寺院における僧侶の演芸大会で、今日の言葉で言えばバラエティ・ショウに当たろうか。だから決まった形式とてはなく、寺によってまた参加者によって、いろいろな演目がくりひろげられる。開口《かいこう》といって軽口地口をつらねる芸、答弁《とうべん》といって掛合漫才のようなもの、白拍子舞もあれば稚児の独唱《ボーイソプラノ》もある、という具合であるが、さすがに時代がたつにつれて、それらの芸能もしだいに固定して来たようである。その中に風流《ふりゅう》と称する、素朴ながら劇の形式をとった芸能があった。

風流は「ふりゅう」と読む。本来きらびやかなもの、という意味で、現在のように「ふうりゅう」と読んで風雅という意味になるのは後代のことである。この延年の風流は、舞台には人目を驚かすようなはでやかな「山」を飾り、登場人物もきらびやかな扮装をし、「走り物」と称する群舞もあるといったところから、こう名付けられたものであろう。この延年ははやく滅び去ったが、その詞章は少々あちこちに残されている。中でも現在多武峰《とうのみね》の談山《たんざん》神社に伝えられているのが、最もまとまった資料であるが、それらはいずれも簡単ながらセリフ・トガキの類が記され、我が国演劇史上、初めての演劇台本と言えるものである。脇能とはこの寺院の芸能たる延年風流をもとに、それを神事芸能に再構成したものということが出来る。

小風流と脇能

その延年風流は形態から大風流と小風流に分かれる。多武峰には大風流が二十四番、小風流が十七番伝わっているが、内容を見るとこれまたそれぞれすべての曲がほとんど同一の構成をとっているのである。

脇能	小風流
旅人登場	旅人登場
道行	道行
化身登場・問答	
同退場	
所の人呼出・問答	
神体出現	神体（精霊）出現
舞	舞

まず「小風流　竹生島事」を見よう。最初に比叡山の末流山形の立石寺から出た僧と、叡山楞厳院《りょうごんいん》の傍に住む僧とが出逢い、つれだって竹生島に参詣することになる。同船して島に着き〽南無や大弁功徳天、我らを哀愍《あいびん》し給ひて、所願を叶へおはしませ」と同音に念ずると、そこへ竹生島の天女が出現して、真俗円満の宝珠を授け舞楽を舞う、という筋である。一読して前に掲げた脇能〈竹生島〉と同じような構成であることに気付くであろう。また「小風流　富士事」は、九州より上る遊客と東国の僧とが富士山に不死の妙薬を尋ねるところに、浅間大菩薩が出現して妙薬を授け舞を舞う、という話、「小風流　七賢事」は、二人の者が竹林の七賢人を訪ねその精霊に逢い、七賢は酔いの袖を翻して舞う、という話である

という風に、脇能が〈高砂〉〈竹生島〉その他ほとんどすべて同一構成であったのと同じように、小風流十七番もまたほぼ同一の構成を持っている。しかも脇能と小風流とがまた至ってよく似た構成をとっていることも気付かれるであろう。

骨組みだけを示せば右の表のようになる。結局小風流に□内の部分を前場として挿入すれば脇能が出来上がるということになる。つまり脇能は、〈高砂〉〈竹生島〉の例でもわかるように、原則として前場後場に分かれるが、その前場を創出したのが能作者の工夫だったと言えよう。

その前場というのは、〈高砂〉ならば木蔭を掃ききよめる老人夫婦であり、〈竹生島〉なら小船に棹さす老翁と海士女であった。いずれもそのまま一幅の絵になる風情である。延年風流に欠けていたのはこれであった。端的に言えばこの味わいに富む一場面《シーン》を挿入したが故に脇能は舞台芸術として後代に残り、延年風流はあえなく滅び去ったと言ってもよいであろう。

大風流と脇能

このように、現在の脇能の大部分は小風流を下敷きにして、それに風雅な前場を挿し挟んで出来ていると考えられるのであるが、脇能には前に述べた〈高砂〉〈竹生島〉のような神の出現を扱ったものとはまた別の、〈鶴亀《つるかめ》〉型とでもいうべきより現実的な傾向の強い一類型がある。このことにも少し触れておかねばならない。

〈鶴亀〉というのも〈高砂〉に劣らず有名な能である。

〽それ青陽の春になれば、四季の節会《せちゑ》のこと始め――

という文句は、謡を習った人なら誰しも記憶しているであろう。年の初めに唐の帝の宮殿に現われた鶴と亀とが千年の齢《よわい》を君に授けんと舞い、帝も御感のあまりに立って舞い給う、という至って簡単なしかしめでたい内容である。これと同じような脇能はというと、四十曲を数える脇能群の中では〈西王母《せいおうぼ》〉〈東方朔《とうぼうさく》〉と、〈鶴亀〉、他によく似た構成の〈鷺〉という曲を合わせても四番しかないが、次に述べるような前代の芸能の継承という点から見れば、本来はもっと数多く存在したのではないかと思われる。

〈西王母〉も〈東方朔〉も、帝の前で臣下がその威光を称えているところへ、西王母・東方朔という仙女・仙人が出現して、三千年に一度花咲く桃の実を帝に奉り、寿命を捧げて舞を舞って消えて行くという話であって、構成上多少の変化をつけさせたところもあるが、大体〈鶴亀〉の鶴と亀を仙女・仙人に代えただけの話で、ここにも脇能の類型性が見られるのであるが、延年の「大風流　西王母事」というのを見るとこれがまた〈鶴亀〉や〈西王母〉にそっくりなのに驚かされる。

大風流の「西王母」の内容はこうである。漢の武帝の御代を多くの臣下がことほいでいる時、青鳥が宮殿に飛び入り雲中に音曲が聞こえ、異香室内にただよい、西王母・東方朔の両仙が孔雀・鳳凰・迦陵頻《かりょうびん》といっためでたい鳥を従え（これらが「走り物」である）、三千年に一度咲く桃の花や宝算延長の術を帝に授ける。人びとは喜び舞楽を奏して終る。〈鶴亀〉〈西王母〉〈東方朔〉型の脇能の原型がここに見られる。〈鶴亀〉〈西王母〉は作者不明であり、古い演能記録も見当たらないし、〈東方朔〉は室町末期の金春禅鳳の作である。それにまた脇能〈西王母〉〈東方朔〉では前場後場の二段形式をとっているなど、延年の大風流とは直接に結び付かない面は幾つかあるけれども、おそらくこの類は小風流の系列の〈高砂〉〈竹生島〉型に対する、大風流系列の〈鶴亀〉型として、数こそ少ないが脇能中でその存在を主張してよい二大類型の一つであろうと思われる。

しかもこの大風流は、全体の構成という以外にも、後に述べるようにいろいろなかたちで多くの脇能に影響を与えているのである。風流とは元来きらびやかで人目を引くもの、言わばショウの意味である。大風流には「西王母」で言うなら孔雀・鳳凰・迦陵頻、その他、鶴・亀・鷺・鯉といった「走り物」がシテに付随して多数登場し、それらしい被り物を身につけ、きらびやかな扮装ではでに動き回り、また舞台に宮殿や船をしつらえ（これを「山」と称する）、最後には舞楽が奏せられる。風流性《ショウ》がより大であるところから大風流と名付けられたのであろう。こうした「走り物」的なもの、「山」的なものは、後に述べるように、現在の脇能の中に実は数多く持ち込まれているのである。

世阿弥の脇能

さてこの辺で、世阿弥の脇能に戻ろう。世阿弥は『申楽談儀』(一六)で〈弓八幡《ゆみやわた》〉〈高砂〉〈養老〉〈老松〉〈箱崎〉〈鵜羽《うのは》〉を自作と言っている。この他にも〈放生川《ほうじようがわ》〉〈伏見〉〈富士山〉〈右近〉等も彼の作らしい。うち〈富士山〉は後場に金春禅鳳(あるいは禅竹も)が改作の手を加えており、〈箱崎〉〈鵜羽〉〈伏見〉は現在廃曲になっている。

これらの曲に出現する神々を見てすぐ気の付くことは、すべて品よく物静かな神で、そこで舞われる舞も、おごそかな「真の序の舞」、爽涼たる「神舞」、優雅な「中《ちゆう》の舞」といったものがほとんどであって、あらゆる点で風流性《シヨウ》は見出せないことである。この点は他の作者の脇能と比較してみると、きわだってはっきりする。そこで九六ページの表を見ていただきたい。これは観阿弥以下の代表的な能作者の脇能(神の出現するもの)を作者別に表示したものである。これによれば世阿弥の脇能がいかに他と異なっているかが一目して明らかとなるであろう。

まず登場人物であるが、表には省略したが、前場においては、シテは大部分が尉《じよう》、つまり老翁であり、それもほとんどがツレとして姥なり若い男女なりを伴って出る。これは大体どの作者にも共通しており、神能の一つの原則だったと思われる。ところが違うのは後場であって、世阿弥の作は、金春で後半に手を加えたとされる〈富士山〉を別にすれば〈弓八幡〉から〈伏見〉に至る九曲のすべてが、後場には後シテ一人しか登場しない。姿は老翁か若い邯鄲男《かんたんおとこ》の面をつける。でなければ女姿であり、舞は〈鵜羽《うのは》〉の古演出を別にすれば「真の序の舞」「神舞」「中の舞」に限られる。言うなれば世阿弥の脇能は静的な能、清らかな能である。

非世阿弥系作者の脇能

それに対して世阿弥以外の人の脇能はと言えば動的な能、はなやかな能ということになる。数多くの作者であるから、それぞれに作者の個性はあるものの、後シテの人物・人数と舞の種類に焦点をしぼってみると、完全にといってよいほど傾向は一致している。つまり世阿弥の脇能が後シテ一人しか登場しないのに対し、これらの作は必ず後シテの他に一人、中には〈大社《おおやしろ》〉〈江野島《えのしま》〉のように二人三人とツレを随《したが》えて登場し、それがそれぞれ舞を舞う。従って舞台もにぎやかになる。中には〈玉井〉〈江野島〉のように狂言方が、「貝の精」や「鵜の精」となって多数登場する曲もある。大風流の「走り物」はこんなかたちで後ツレ・間狂言として生き残っているのである。

次に舞台装置の点でも世阿弥と非世阿弥系の人の作品の場合はきわだった相違をみせる。世阿弥の脇能が（小次郎が手を加えたという〈右近〉を例外として）舞台に全く作り物を出さないすっきりしたかたちで演じられるのに対して、非世阿弥系の場合は、宮殿・井筒・灯明台・舟、そういったものを出して舞台を飾る。風流の「山」の後身であろうか。登場人物

作者	曲名	神体（後シテ後ツレ）	舞	作り物
観阿弥	金札	天神	ハタラキ	宮
	淡路	天神（または邯鄲男）	神舞	×
	白鬚	悪尉	楽	宮（灯明付）
		天女	イロエ	
		竜神	ハタラキ	
世阿弥	弓八幡	邯鄲男	神舞	×
	高砂	邯鄲男	神舞	×
	養老	邯鄲男	神舞	×
	老松	尉	真ノ序ノ舞	×
	放生川	尉	真ノ序ノ舞	×
	右近	女	中ノ舞・破ノ舞	桜・花見車
	箱崎	女	天女舞	
	鵜羽	女	天女舞・破の舞（古くはハタラキ）	
	伏見	尉（または邯鄲男）	真ノ序ノ舞（神舞）	
	富士山	悪尉	楽（ハタラキ）	×
		女	天女舞	
宮増	氷室	小ベシミ	ハタラキ	山
		女	天女舞	
	逆矛	小ベシミ	ハタラキ	山
		女	天女舞	

＊他に観阿弥に〈布留〉があるが演出不明であり、金剛の〈絵馬〉も流儀によって神体も舞も様々なので省いた。廃曲の演出については味方健氏の教示によった。

		女	天女舞	
	浦島	明神	ハタラキ	
		女	天女舞	
禅竹	賀茂	飛出	ハタラキ	矢立台
		女	天女舞	
	竹生島	黒髭	ハタラキ	宮・舟
		弁才天	天女舞	
		女		
	和布刈	黒髭	ハタラキ	宮
		女	天女舞	
小次郎	九世戸	黒髭	ハタラキ	松立台（灯明付）
		女	×	
	玉井	悪尉	ハタラキ	井筒・桂立台
		女（二人）	天女舞	
弥次郎	大社	悪尉	楽	宮
		天女	天女舞	
		竜神	ハタラキ	
	江野島	飛出	ハタラキ	宮
		弁才天	楽	
		子方（二人）	×	
禅鳳	嵐山	飛出	×	桜立台
		邯鄲男	中ノ舞	
		女		

の数ともあいまって、世阿弥の場合に比べ、よほど舞台はにぎやかになる。

金春禅鳳の談話を書き留めた『禅鳳雑談《ぜんぽうぞうたん》』（上）の中に、〈岩舟〉で舞台に舟を出し唐艪《からろ》を押して観客をどよめかしたり、奈良一乗院の薪能で〈箙《えびら》〉が演じられた時、折からさかりの庭の紅梅をそのまま作り物に見立ててこれまた「近頃出来能」であったということが記されている。〈芭蕉〉でも作り物を出してやってみたいということも語っていたというし、能というものが現在に比し、遥かに風流《シヨウ》的であったことがわかる。

世阿弥の脇能とても、確かに他の作者の脇能同様、前代の小風流の構成をなぞっているし、また脇能の性格上多分に類型的な構成をとってはいる。しかし世阿弥と非世阿弥系作者の脇能の間には風流性《シヨウ》という点でかなり大きな違いがあったことがこれでわかるであろう。となると、先行芸能たる延年の風流から出て、能の脇能として独自の性格を確立させたのが世阿弥であったということになる。風流に見られるきらびやかさを排除し、脇能を上品でさわやかな、単に神事として終らず、芸術的鑑賞にも堪え得るものにしたと言えよう。これは脇能と老体を一体と考えようとする彼の考え方によく表われている。

周知のように世阿弥は能の登場人物を、老体・女体・軍体の三体に統制したのであるが、作能法を記述した『三道』において、老体の能について述べた条は、そのまま脇能の作法に終始している。それも記述は他の女体・軍体に比べ微に入り細をうがったもので、一曲全体を序の段、破の一段、破の二段、破の三段、急の段、計五段に分けよ、とし、主要人物（シテ）が登場して、ここから破の部分にはいるのだが、破の第一段はたとえば老人夫婦などが出て、五七五、七五からなる「一声《いっせい》」（の前半部）をあげ、七五、七五の「二の句」（一声の後半部）をすませ、いわゆる「指声《さしごえ》」の部分にはいって、七五、七五……をくりかえしておよそ十句ばかり謡う。

という風に、小段の句の数まで規定している。彼も脇能―儀式―規格性という考え方は持っていたようであるが、それを終始老体と結び付けたところに彼の特色が見られる。これは次の「鬼がかり」と関連させて他の作者と見比べてみるとよくわかる。なお女性をシテとする脇能〈箱崎〉〈鵜羽〉等もできるだけ右の規格で律しようとしていることは言うまでもない。

神は鬼がかり

ところで、このような脇能＝老体という考え方の他に世阿弥は今一つ、能の神について注目すべき発言をしている。それが「鬼がかり」ということである。彼の最初の能楽論たる『風姿花伝』（物学条々）の「神」の項を見ると「凡そこの物まねは鬼がかりなり。何となく怒れるよそほひあれば、神体によりて鬼がかりにならんも苦しかるまじ」とあって、老体とはまた別の神の存在が説かれている。もちろんそのすぐあとで、神と鬼との違いについて、「神は舞がかりの風情によろし。鬼はさらに舞がかりの便りあるまじ」と述べて、両者の舞台における本質的な相違を鋭く指摘しているのであるが、それにしてもここで述べた「鬼がかり」の神という考え方は、準脇能とも言える〈泰山府君《たいさんぶくん》〉の後シテを唯一の例外として、現存する世阿弥の脇能にはまるで見られないのである。

だが元来神と鬼とは一体の性格を持つものであった。鬼は恐ろしいもの、悪いものという考え方が現在では行き渡っているけれども、鬼の中にはめでたい蓬莱《ほうらい》の島に住み（だからこそ鬼は宝物を持っているのである）、悪霊を追い払うのを任務とした、祝福さるべきものとしての性格を持っていた鬼もあったのである。早く言えば悪い鬼と、善い鬼があった。現在秋田地方に残るナマハゲを見ればそのことがよくわかるであろう。鬼の姿をしているが、彼らは「怠け者はいないかな」と善を勧め悪を払うために遠い国からやって来る鬼神であった。愛媛県大洲市の三島神社の祭礼に出る鬼もまた幸せをもたらす鬼であり、それに赤ん坊や老人を抱いてもらうと長生きをするという伝えがある。つまり神も鬼のような力を備えなければ、神としての能力を発揮出来ないということであったのである。そのような民俗信仰が『風姿花伝』に言う「鬼がかり」の神であった。

この『風姿花伝』の「物学条々」を含む第三までの部分は応永七年（一四〇〇）に成立しており、父観阿弥の教えを祖述したものと奥書に記されている。応永七年と言えば世阿弥は三十八歳であり、父観阿弥が死んで十七年目、ぼつぼつ自らの能楽観も確立しかけてはいたろうが、応永二十五年（一四一八）頃から次々とまとめられた諸伝書類に比べれば、その理論は一体に平明で実際的である。現にこの「物学条々」においても、物まねの人体を女・老人・直面《ひためん》・物狂・法師・修羅・神・鬼・唐事《からごと》と九体に分けて説明しており、後代の老・女・軍三体に統制した様式的風体論はまだ出来上がっていない。そんな中で述べられた〝神は鬼がかり〟だけに、これは世阿弥の考えとみるよりも、観阿弥の、更に言えばそれ以前からの猿楽の座の背景にあった農村社会の一般的な考え方とみてよさそうである。従ってこの後、独自の芸術意識にめざめた世阿弥の理論の中からは、この「鬼がかり」は消え去ってしまい、『三道』の記述にもまた〈高砂〉や〈老松〉にもそのような思想のかけらも見出せない。それではこの「鬼がかり」の神は一体どこへ行ってしまったのか。

ここで再び他の作者の脇能を眺めてみよう。「神は舞がかりの風情によろし」とあり、事実世阿弥の作例では「真の序の舞」とか「神舞」といった静かさでさわやかな舞がもっぱら用いられているが、これに対し非世阿弥系の作者の脇能の後場で舞われる舞は、ほとんどがハタラキである。後シテが舞わなければ、「走り物」の後身と思われるツレがこれを舞っている。ハタラキとはその名の通り、激しい舞で、笛、大小鼓、それに太鼓も加わって豪快に舞われるものである。それにふさわしくこれらの神々は、ベシミ・飛出《とびで》・悪尉《あくじょう》・黒髭・天神といった鬼神系統の面をつける。従ってこれらは、感じから言えば、五番立でいう切能《きりのう》の鬼畜物に近いものである。これらの能は〈高砂〉で代表される今日の脇能の常識からみれば異色のようだけれども、作者別にみれば、世阿弥以外の作者はほとんど全部この系統に属する。世阿弥の父親観阿弥の脇能については、世阿弥以下の手も加わっているだろうし、中にはクセの部分しか作っていないものもあるようで、どこまで観阿弥の作とみてよいかわからないものも多いのだけれど、〈金札〉では宮の作り物を出し、出現した神は弓矢を持ってハタラキを舞い、〈淡路〉は舞は神舞であるが、天神面・黒垂《くろたれ》という鬼神系の扮装をとるのが常である。〈白髭〉もまた悪尉《あくじょう》・黒髭の面をつけた明神と竜神が登場し、宮や灯明で舞台を飾り、竜神はハタラキを舞うなど、女体の〈布留《ふる》〉を別として皆激しい動き、はでな舞台を見せるものばかりである。『申楽談儀』（序）に観阿弥が演じたとある〈住吉の遷宮の能〉もやはり神の出現する能のようであるが、これも「悪尉に立烏帽子」を着た神であった。やはり鬼がかりである。

このような鬼がかりの者が祝意を表する芸は遠く治承二年（一一七八）にさかのぼって例が見出せる。九条兼実の『玉葉《ぎょくよう》』（治承二年十一月二日）によれば、春日祭に赴いた勅使の一行が帰洛して「雷公儀」なる芸能を演じている。三人の舞人のうちの一人が赤衣を着て雷公に扮し、そして庁頭の清景という男の前に出現し、問答をかわし、雷公は「祝言等」を述べたとある。まさに大風流的であり、鬼がかりの脇能である。今日東北地方に残る山伏神楽の中で、神が「荒舞」と称する舞を舞うが、これなどハタラキの同類と言えるであろうし、その他各地の民俗芸能を見ても、鬼面をつけた神の例は多い。このように伝統的な神の能はすべて荒々しい非世阿弥系の脇能に近いものである。

尉の面　小牛尉（小牛作・室町時代・重要文化財）観世文庫蔵

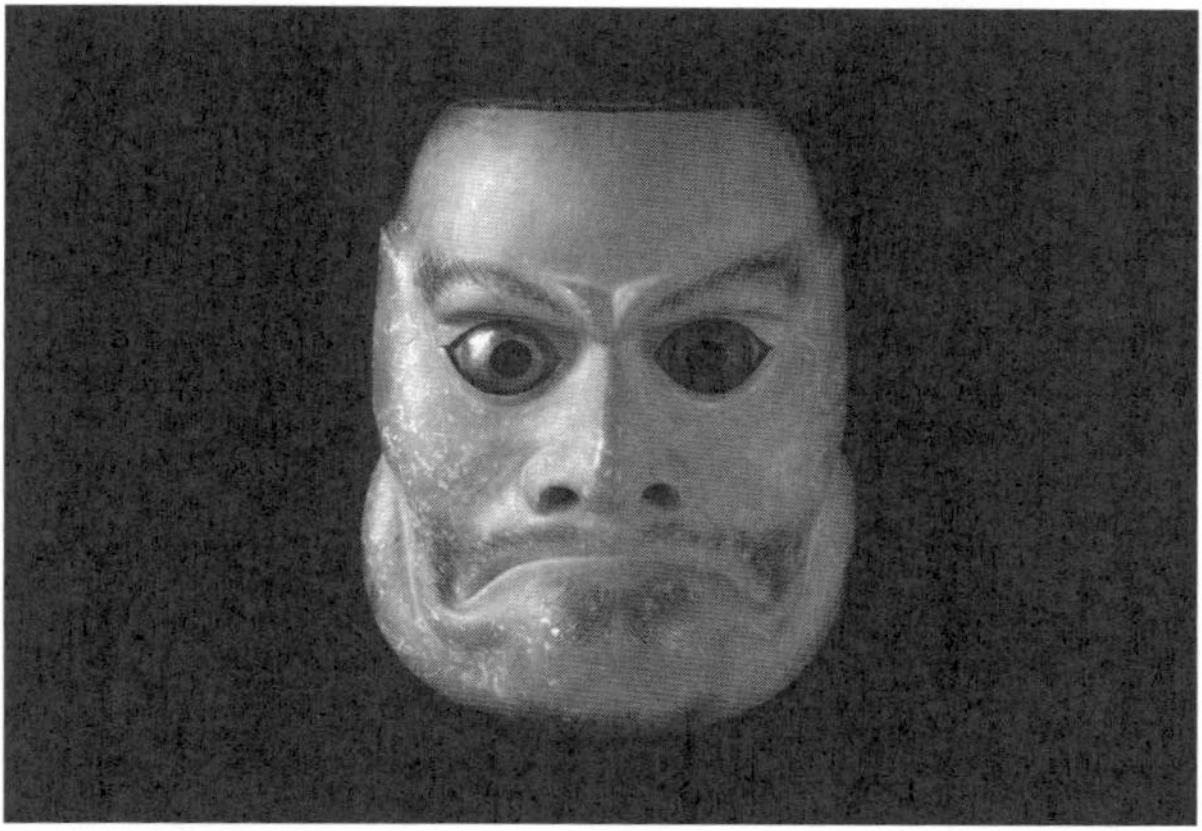

鬼がかりの神の面　小癋（べし）見（赤鶴作・鎌倉時代・重要文化財）観世文庫蔵

もうおわかりであろう。鬼がかりの神は、決して消えたのではなく、古くより祝言を旨とする脇能の流れの中に終始生き続けていたのであった。ただ世阿弥が自らの脇能の中で、その灯を消しただけのことであった。各地に残る能面を見ても、ベシミ系のものに古作が多く、尉面というのは比較的新しいものが多いというのもこれを裏付けよう。宮増・禅竹・小次郎・弥次郎・禅鳳といった人びとと世阿弥の脇能の間には、このような大きな違いが見られる。動的と静的、風流性・民俗性を尊重する傾向と芸術性重視の傾向、伝統的と独創的と区分出来よう。儀式性の強い脇能においてさえこれだけの相違があるということは、世阿弥という人の個性の強さを思わせるものがある。

世阿弥の脇能改革

実はこの作者考定は、非世阿弥系の人の場合は、室町後期以降の作者付に拠らざるを得ないという点で世阿弥の場合に比し確実性という点から見れば大きなハンディがある。特に金春禅竹などは今一つ素性の明確でない『自家伝抄』とか、江戸時代になって作られた『金春八左衛門書上』に頼らねばならぬほど、世阿弥に比して非常に甘い立場で候補作を選ばねばならぬ弱味があるのだけれども、後シテの神格、舞の種類、作り物の有無といった点で、非世阿弥系として、右に述べたような世阿弥の脇能と対照的な特色を指摘出来る以上、〈竹生島〉〈賀茂〉〈和布刈《めかり》〉を禅竹作とするこれらの作者付の伝承は無視出来ないものがあろう。

禅竹という人は、能楽理論においては世阿弥の継承者とみなされ、作風もまたそれに類する人のように言われているけれども、脇能についてはそれが神事性の強いものであるだけにその伝統を崩し得ず、大和猿楽伝統の作風に従ったようである。その他〈玉井〉で海幸・山幸伝説を脇能化した観世小次郎、〈輪蔵《りんぞう》〉というエキゾチックなものを扱った弥次郎長俊・伊勢斎宮に絵馬を掲げる行事や天の岩戸の故事を再現しようとする〈絵馬〉を作った金剛等、夢幻能形式の中に随分と劇的なものをとり入れて変化を持たせようとした人は多いけれども、その人たちにしても、全体的に見れば、やはり作り物、鬼神系、ハタラキ、風流《ショウ》的という伝統からははずれていない。そこにはそれぞれの個性を発揮したといっても、世阿弥の場合とは根本的な違いがある。この両者の違いを確認した上で、世阿弥の〈富士山〉の後半が金春家の者によって改作されたという記事を見れば、それは当然後シテが老体から鬼がかりへの変改であったろうということは容易に推定出来るはずである。

もっとも、世阿弥にしても、小風流の形式を受けついだ脇能の伝統的な構成を完全に打破するところまではなし得なかった。だがその枠の中で、風流《ショウ》的性格を捨て、また〝神は鬼がかり〟という民俗的信仰までも捨てて、脇能＝老体観に徹し、また詞章の面でも、〈高砂〉においては有名な「高砂住の江の松も相生のやうにおぼえ」という古今集序――序にそれを敷衍《ふえん》した古今序注の類――を活用するなど、精一杯の文芸化・芸術化を試みたところに世阿弥の功績を認めることが出来よう。だがこの老体に徹し、民俗信仰から離れ、風流性を排除した脇能が、当時は一部の知識階級は別として、一般大衆にどう受け取られたかについては、私は疑問を抱かざるを得ないのである。もっとも、「貴所上方」を専一としていた世阿弥としては、それはあずかり知らぬところであったのであろうが。

四 『平家物語』と能――修羅物

修羅物と世阿弥

今日では能の会における番組の並べ方もかなり崩れて来ているが、正式の能組では開幕に〈翁〉と脇能を据え、それに続けて修羅物と言われる一類を演ずるのがきまりとなっている。その修羅物とは、〈頼政〉〈実盛〉〈清経〉〈忠度〉〈敦盛〉〈通盛〉〈巴〉〈八島〉〈朝長《ともなが》〉〈田村〉の類で、〈田村〉がただ一つ、平安初期の勇将坂上田村麻呂を描いたものであることを除けば、その他はすべて源平時代の武将を扱い、その亡霊が出現してありし日の身の上を物語るという形式のものばかりなのである。そしてこれらの中に世阿弥以前にさかのぼれる作品が、井阿《せいあ》作の〈通盛〉以外になく、しかもその〈通盛〉が、現行のものは世阿弥が手を加えたものであることがわかっているので、こうした修羅物という、一類の能の形式を創り上げたのは世阿弥であると言ってよいようである。彼自身その点は自信を持っていたとみえて、『三道』の中に新作の規範とすべき作を二十九曲列挙している中で、修羅物は、〈忠度〉

〈実盛〉〈頼政〉〈清経〉〈敦盛〉そして〈通盛〉と、自作、または自分が改作したものしかあげていない。もって修羅物に対する彼の自負のほどを知ることが出来よう。

『平家物語』という作品は、確かに能作者にとって魅力のある素材であろう。戦乱の世を経て来た当時の人びとから見れば、源平の争乱は『太平記』の世界とはまた違った意味で身近な存在であった。合戦の伝承もまだまだ各地に伝わっていたであろうし、放浪の琵琶法師を通しても『平家』は広く親しまれていた。今日『平家物語』を読むと、さながら絵のような背景、きびきびした会話など、そのまま戯曲形式に移行出来そうに感じるほどであるが、能作者たちがそれを見逃すはずはなく、世阿弥もまた例外ではなかった。そして〈忠度〉〈実盛〉以下の名作を創り上げた時点での意見が、『三道』中の「軍体の能姿」における、

たとえば源平の名将を典拠とした役柄ならば、とくに注意して、原典の『平家物語』が描くとおりに書くべきである。

という有名な発言となるのである。

しかし脇能において、それまでの伝統を離れて幽玄化・芸術化を試みた世阿弥は、この『平家物語』の能化においてもまた同様の変革をなしとげた。夢幻能形式の創出がそれである。

複式夢幻能

夢幻能――これこそ、能を他の演劇と区別する、能独自の演劇手法である。諸国一見の僧（ワキ）が、加賀国篠原とか、洛南の宇治とか、須磨の浦といった源平の古戦場を訪ねる。そこへ斎藤別当実盛・源三位頼政、あるいは忠度・敦盛といった武将の亡霊（前シテ）が、多くは老翁の姿でどこからともなく現われ、その土地のいわれを物語り、それとなく我が身の上をほのめかして一旦姿を消す〔前場〕。僧は更めてその付近に住む里人を呼び出し、源平の戦いにまつわる物語を聞き、前場の老翁の正体を悟るが〔間〕、夜の更け行くままに読経をしていると、先ほどの武将が今度は昔の姿で再度出現し（後シテ）、討死のさまを物語り、カケリという舞を舞って回向《えこう》を頼んで消えて行くのである〔後場〕。無論それぞれの曲によって小異はあるが、修羅物というのはその大半が右のような構成と考えてよく、類型性が強いという点では脇能に劣らない。ここでは、シテこそ古典の世界の人であるが、旅僧は現実の人間であり、我々と同次元の人物として、言わば観客の代表として舞台の上にいると考えてよい。従ってそこにくり広げられる世界は、旅僧の、そして同時に我々の夢の中の出来事ということになっていて、そこで我々は知らず知らずのうちに『平家物語』の世界に誘い込まれることになるのである。こうした修羅物の人物の配置は、前の脇能におけるワキの大臣や神主を旅僧に、シテの神を武将の亡霊に代えたものと言えるが、夢幻的性格はこちらの方が一段と濃くなる。「劇、それは何ものかの起こるものであり、能、それは何ものかの来たるものである」という劇詩人ポール・クローデルの有名な言葉は、この夢幻能の本質を見事に言い表わしたものであろう。

この夢幻能の形式を創出し完成したのが世阿弥であったと言ってよい。それはちょうど、伝統的・民俗信仰的な古い脇能の世界から、幽玄化・芸術化された老体の脇能への脱皮を計ったのと同じように、それ以前の恐ろしい古修羅の世界に住む人びとを、美しい夢幻の舞台に再生させたものであった。

今〝恐ろしい古修羅の世界〟と言ったが、修羅とは世阿弥以前においてはまさに妄執の世界であり悪鬼の世界であり、陰惨な物狂《ものぐるい》の世界なのであった。このことについては後で述べるが、それをいかにして美しく表現するかというところに世阿弥の苦心があった。そこで考えられたのが、構成においては、いちはやく幽玄化・芸術化の道を歩んだ脇能を下敷きにして夢幻能形式を創出することであり、素材として『平家物語』の中の悲劇の武将たちを主人公に仕立てることであったのである。

脇能と修羅物

そうでなくとも神の影向《ようごう》と亡霊の出現とは相似たところが多い。宗教の時代中世にはそれについての記録も多いが、中でも『満済准后日記』応永二十一年（一四一四）五月二十一日の記事は、はなはだ興味深い事実を我々に教えてくれる。

斎藤別当真盛《サネモリ》ノ霊加州篠原ニ於イテ出現、遊行上人ニ逢ヒ十念ヲ受クト云々。去ル三月十一日ノ事歟《カ》。卒都婆ノ銘一見セシメ了ンヌ。実事ナラハ希代ノ事也。

実盛の亡霊が諸国一見の遊行上人の前に出現したというのであるから、これは素朴ながらそのまま夢幻能の形式にかなっていると言ってよい。

応永二十一年(一四一四)と言えば、世阿弥は五十二歳、『風姿花伝』もほぼ完成し、『花鏡』の想を練っていた頃と思われる。二月《ふたつき》ほどの間に都まで伝わったこの風説は、世阿弥の修羅物の創出に大きな示唆を与えたとみても間違いないのではなかろうか。ただこの実盛の話は、このままでは前シテも後シテもない、複式ならぬ言わば単式夢幻能である。脇能がそうであったように、前場を拵《こしら》えるということが、能の芸術化の場合非常に大きな効果を上げているようである。〈実盛〉の段階では、これが遊行上人の法談の場に一老翁の姿で出現するというだけのことで終っているが、〈忠度〉では老いた木樵《きこり》、〈敦盛〉では草刈の男という『風姿花伝』に言う、「風情にもなるべき態《わざ》」を前場に出して風情をもり上げる。これは脇能において〈高砂〉を単なる住吉明神の影向劇に終らせず、前場で高砂の松を背景とする尉と姥を出し、〈竹生島〉においても前場で小舟に棹さす老翁と乙女を出して舞台に一幅の絵を描いた作劇法にあい通ずるものである。

修羅物はこうした全体の構成面以外の点でも脇能に似通った点は多い。たとえば脇能の前シテはほとんど例外なく老翁=尉姿で登場したが、修羅物も同様である。〈実盛〉〈頼政〉といった老武者が尉姿で出るのは当然としても、若くして死んだ武将たちを描いた〈通盛〉〈忠度〉〈兼平〉、〈八島〉の義経、廃曲〈重衡〉（別名〈笠卒都婆〉）といった能の前シテがすべて尉姿で登場する。『禅鳳雑談』や『花伝髄脳記』によれば、〈箙〉の梶原源太や〈敦盛〉までも前場は尉姿で演じていたらしい。その意味では修羅物は『三道』で言う「軍体」だけでなく、脇能と同じ「老体」としての半面も持っているのであり、そのヴァリエーションだという考え方が許されるであろう。脇能を下敷きとして創られたと言ったゆえんである。ただ大きな違いは、それを諸国一見の僧の夢の中の出来事として、シテが回向を頼むという仏教的構想を設定していることである。それにふさわしく、たとえば忠度は『平家物語』においても最期に臨んで「西にむかひ高声に十念となへ『光明遍照十方世界、念仏衆生摂取不捨』」と誦して討たれており、その他頼政も清経も、また異本によれば敦盛も、同じく最期は念仏を唱えている。脇能が神の世界とすれば、修羅能は仏の世界であった。世阿弥は『平家物語』をこのように滅びの美学として捉えていただけに、彼の作品には宗教的なものがただよっている。〈実盛〉などにははっきりと遊行上人が登場するし、また、

　極楽世界に行きぬれば
　永く苦海を越え過ぎて
　輪廻のふるさと隔たりて
　歓喜の心いくばくぞ

〈通盛〉　船中に通盛と小宰相の亡霊。シテ・田中章文。

という時宗の「浄業和讃《じょうごうわさん》」（極楽讃）がそのまま本文に利用されているなど、明らかに時宗的立場から作られている。神の芸術脇能を下敷きに、仏の芸能修羅物を創出したところに、中世人世阿弥の姿を見ることが出来るように思う。

井阿原作、世阿改作の〈通盛〉は、前シテ老翁（平通盛の霊）がツレ女（小宰相の霊）を伴って小舟に棹さして現われる。これまた「風情にもなるべき態」で〈竹生島〉の前場と重ね合わされそうな形式であるが、このツレ女は修羅物としては珍しく後場にまで残ることになっている。だがこのツレが後場まで残るというのは修羅物でこそ珍しいが、脇能、それも非世阿弥系の脇能になら幾らもある手法なのである。また後シテの登場楽としてデハという囃子を用いるのも、修羅物としては異例に属するが、これとても脇能の後シテの登場楽としてなら常のことで、こうしたことはこの曲が脇能の応用として創作または改作されたことの痕跡と言えるのではないか。原《ウル》〈通盛〉がどのようなものであったかは今では知る由もないが、その通盛・小宰相の抒情的説話に着目した世阿弥が、脇能の形式に当てはめつつ、井阿の〈通盛〉に手を加えて現行のようなものに改作する過程で、しだいに花鳥風月に作り寄せる新しい修羅物の創作手法を身につけていったということは考えられるであろう。

古修羅の世界

だがもとよりその道は決して坦々たるものではなかった。修羅とは本来決して美しいものではなく、この世で合戦に従事した者の死後赴く世界であった。そこには血と妄執と怨念がただよっていた。そうした人びとが亡霊となって出現するという説話は、ことに『太平記』に多い。たとえば巻十一の名越遠江守の怨霊が舟人の前に現われた話、あるいは巻三十四のさる上北面が後醍醐天皇の御廟に参り、帝や俊基・資朝の亡霊に逢う話などその例であるが、中にも巻二十にみられる「結城入道堕二地獄一事」はその最たるものである。

武蔵から下総へ下る一人の僧が、野中で日暮れてある山伏に出逢うが、その手引きに従って行くうちに、いつか地獄に赴く。そこで夜更くるままに法華経を誦するうちに、南朝方の武将で先頃死没した結城《ゆうき》宗広《むねひろ》が牛頭馬頭に呵責されるさまを見せられ恐れおののくが、いつか「暁ヲツグル野寺ノ鐘、松吹ク風ニ響キテ、一声ホノカニ聞《キコ》ヘケレバ、地獄ノ鉄城モ忽チニカキケス様《ヤウ》ニウセ、彼山伏モ見ヘズ成《ナツ》テ、旦過《タングワ》ニ坐セル僧バカリ野原ノ草ノ露ノ上ニ惘然《バウゼン》トシテ居タリケリ」と終るところまで、まさしく夢幻能そのままである。この僧はまぎれもなくワキの「諸国一見の僧」であり、山伏は里人、間狂言の役に当たろう（なお、古態を残す西源院本太平記では、この僧と山伏とが逆になっており、これだと山伏がワキとなるが、これはこれで観阿弥作の〈布留〉、もと田楽能の〈船橋〉といった古作の能に近くなる）。

ただし、この結城入道の話は、構成からみれば確かに夢幻能形式そのものと言ってよいが、内容表現からみれば現在の修羅物とはあまりにもほど遠いと言わねばならぬ。修羅の苦しみを述べることは現在の修羅物の中にも幾つかあって、さして珍しいことではないけれども、この場合は、

待チテ怒レル悪鬼共、鉄《クロガネ》ノ俎《マナイタ》ノ盤石ノ如クナルヲ庭ニ置テ、其上ニ此罪人（結城入道）ヲ取テアヲノケニフセ、其上ニ又鉄ノ俎ヲ重ネテ、諸《モロモロ》ノ鬼共膝ヲ屈シ肱ヲノベテ、エイヤ声ヲ出シ、「エイヤ〱」ト推スニ、俎ノハヅレヨリ血ノ流ル、事油ヲシタヅルガ如シ。

といった具合で、あまりになまなまし過ぎる。むろん前シテの尉も出て来ず、現在の完成

された複式夢幻能とは大分様相が異なっていよう。しかしこうしたところにこそ、『風姿花伝』（物学条々・修羅）に言う「よくすれども面白き所稀なり」とか「これ体《てい》なる修羅の狂ひ、やゝもすれば鬼の振舞になるなり」という、世阿弥以前の古修羅の姿を窺わせるものがあるであろう。

花鳥風月と修羅

世阿弥の確立した修羅物とて、こうした古修羅の伝統の上に立つものではあった。しかしそれは世阿弥が『風姿花伝』の段階で、右に続けて、いち早く「ただし、源平などの名のある人のことを、花鳥風月に作り寄せて、能よければ何よりもまた面白し」と言っているように、単なる妄執・呵責に終らず、前場を設け、前シテ＝尉を出し、全篇を花鳥風月、風雅にこと寄せる方向で展開していったところに特色がある。つまり武将とは言え、それらは何よりも『三道』にいう「遊士」、つまり王朝の業平・光源氏に準じ得る者でなければならなかった。その点、忠度・頼政は和歌の名手であり、敦盛・清経も笛を嗜む「遊士」として美しく滅んでいった人びとである。しかも討死した場所は宇治であり須磨であり、王朝以来の歌枕の地であったことも、

たとえば名所・旧跡についての説話が主題の場合ならば、その場所に関係のあるような、詩とか和歌の、人々が聞きなれた美しい言葉を、一曲の眼目となるところに集中す

べきである。

と『風姿花伝』(六)に書いた世阿弥の好みに適ったところであったろう。

〈頼政〉をみると、諸国一見のワキ僧の前に現われたシテ、里の老人(頼政の霊)は付近の名所を指して教える。

ワキ「まづ喜撰法師が住みける庵《いお》は、いづくの程にて候ぞ。

シテ「さればこそ大事のことをお尋ねあれ、喜撰法師が庵は、わが庵は都の巽しかぞ住む、世を宇治山と人は言ふなり、人は言ふなりとこそ主だにも申し候へ、尉は知らず候。

ワキ「またあれにひと村の里の見えて候ふは槇《まき》の島候ふか。

シテ「さん候、槇の島とも申し、また宇治の川島とも申すなり。

ワキ「これに見えたる小島ケ崎は。

シテ「名に橘の小島ケ崎。

ワキ「向ひに見えたる寺は、いかさま恵心《えしん》の僧都《そうず》の、み法《のり》を説きし寺候ふな。

シテ「のうのう旅人あれ御覧ぜよ、名にも似ず、月こそ出づれ朝日山、地「月こそ出づれ朝日山、山吹の瀬に影見えて、雪さしくだす柴小舟、山も川も、おぼろおぼろとして、是非を分かぬ気色《けしき》かな。

喜撰の庵、槇の島、橘の小島ケ崎、朝日山、山吹の瀬、柴舟、いずれも王朝以降、宇治をいろどる風物として、和歌に物語にとり上げられたところである。こうした名所教えを通して、舞台はしだいに古典の世界につつまれて来、そこに源平の武将の姿が浮かび上がって来るのである。これらの「遊士」を主人公に選び、風物をちりばめ、花鳥風月にこと寄せた抒情的世界を構築した時点において、世阿弥は恐ろしい古修羅の世界を克服したと言える。

憑き物による物狂と修羅

世阿弥はこのように、亡霊出現の説話が幾つも拾えるはずの『太平記』を避けて、あえて前代の『平家物語』の、それも抒情的な素材をとり上げたのであった。しかし彼とても時代の子であり、『太平記』の世界は無言のうちに彼の夢幻能の上に大きな影を投げかけてはいるようである。それは憑き物による物狂である。「修羅の狂ひ」という言葉があったように、修羅の中には物狂の流れを引く一要素が含まれている。

物狂とは、当時においては何物かにとり憑かれての精神錯乱状態というケースが多かったようである。もし現実の生身の人間が修羅の亡霊にとり憑かれたならば、それがすなわち修羅の狂いということになろう。

京都東福寺の僧良覚が記した正慶二年（元弘三年　一三三三）の見聞記『博多日記』に見える次の話などその修羅物狂の一例と言えようか。

正慶二年三月、菊池入道武時が一族を率いて鎮西探題北条英時を襲撃した時のこと、武時もその子左衛門三郎頼隆も、武運拙《つたな》く敗死してその首をさらされたが、それを見たある女が身の毛もよだつ思いをし、そのまま病いの床についてしまった。その枕もとへある僧が行き対面したところ、その女は起き上がり、男の風情して扇をとり直し挨拶をする。僧が「いかなる人ぞ」と尋ねると、「我は菊池入道の甥《(ママ)》左衛門三郎と申す者也」と名乗り、菊池にて新妻を迎えて十六日目に出陣となり討死した次第を述べ、それも妻のことを言う時は哀傷の気色、合戦のことを語る時は怒れる色を顕わしたという。また息浜《おきのはま》を出て後、夜更けるまで酒を飲んで喉がかわいたままで討死したからと言って水を乞い、小桶に二杯の水を飲み、更に自分は上戸だからと言って酒を提《ひさげ》に一杯飲んだ。また水を飲まないで死んだから常に水をたむけてほしい、後生も弔ってくれと僧たちに頼んだ。そこで卒都婆を作って松原に立てに行こうとすると、御供《ごしょう》つかまつろうと言ったと思えば倒れ伏し、しばらくして起き上がった時には今までの病いがすっかり落ちていたという。このような事例をとり上げて、正気の間を前シテに、とり憑かれた後を後シテに脚色すれば、たちまち現行の修羅物に近いものが出来上がろう。

世阿弥の作ではないようだが〈朝長〉という能がある。修羅物としては珍しく『平家』ならぬ『平治物語』に材を仰いだもので、源義朝の次男朝長の死を扱っているが、前シテは美濃国青墓《あおはか》の宿《しゅく》の長、つまり朝長の死んだ宿の女将であり、朝長は後シテとしてしか登場しない。それも〈通盛〉と同じくデハの囃子で登場するという、いささか型破りの修羅物である。だがこれなども、もとは宿の女に憑く朝長の霊、つまり口寄せ芸の応用されたものであったと考えると理解し易くなる。それを無理に複式夢幻能の典型にはめ込もうとしたため、今日の目から見ると型破りの作品になってしまったのであろう。「女物狂ひなどに、あるひは修羅・闘諍・鬼神などの憑くこと、これ何よりも悪きことなり」と世阿弥は『風姿花伝』の「物学条々」（物狂）で戒めている。優雅な女姿が恐ろしい修羅によって傷つけられることを嫌ったためであろうが、実際にはこのような女に武将の亡霊の憑く例はむしろ多かったのであろう。〈朝長〉はその段階のものの痕跡を留《とど》めた貴重な例と言えよう。このような素朴な憑き物による古修羅の世界から、巧みに複式夢幻の世界に脱け出したことも世阿弥の手柄の一つであった。

要するに世阿弥の修羅物は、妄執とか憑き物とかいった古い修羅の世界を、脇能の形式を応用しながら、滅びの美学として捉え直したものと言えよう。夢幻能という構成で古典の世界を再出し、それを抒情的に描きつつ宗教的に締めくくるという、前代の修羅とはまるで違った一つの世界を創出したところに大きな意味があったのである。特にこの場合、同時代の『太平記』を避けて『平家物語』という古典の、それも抒情的側面をあざやかに捉え、主たる素材としたところに、その成功の因があったということは確認しておく必要があろう。

ただ、これが当時の一般の好みと合致していたかどうかは、また別の問題である。たとえば観応二年（一三五一）、高師直《こうのもろなお》が討たれた二年後のこと、それを題材にしたらしい〈四匹の鬼〉という田楽能があったことが知られているし、『談儀』(一四)によれば、小山義政の孫、安犬丸の乱を扱った能〈安犬〉(別名〈笠間〉)が、はやばやと同じ応永年中には行なわれていた。明徳の乱後間もなく、その乱で討死した小林上野を描いた〈小林〉という能が、宮増によって作られている。観客に身近い事件を、こうしたきわ物まで含めて脚色するのが能というものの本来のあり方であった。この傾向は、キリシタン能や太閤能というかたちで後世まで引きつがれる。だが修羅を古典の世界の中に再構築した世阿弥にとっては、このようなきわ物的作能術は無縁のものであったのである。

一方『平家物語』を脚色するにしても、大和猿楽本来の劇的現在能の方法を避け、また軍記物としても本来の武勇談・活劇談をとり上げず、もっぱら抒情性という側面で捉えたということも、当時の大衆の好みからみればいささか異質だったのではなかろうか。このことは当時の彼以外の能作者の傾向、特に彼と並ぶ軍記物作者である〝金剛〟の諸作品と比較してみると、一層はっきりする。

〝金剛〟の作品

能の作者付の中に〝金剛〟という名が幾度か出て来る。むろん大和四座の一つ、金剛座の大夫であろうが、この座は観世座などと違って規模も小さく勢力も弱かったようで、その歴代の事蹟もよくわからない。従ってこの能作者〝金剛〟にしても、その座の何代目の大夫を指すのか、あるいは幾代かの人の作品を合わせて言っているのか、詳しいことは不明である。現行曲では〈絵馬〉〈紘上《げんじょう》〉〈鳥追舟〉の作者として記憶されている程度で、今までほとんど注目されなかった作者であるが、軍記物と能との関係を論ずるに当たっては見逃すことは許されない人なのである。

〝金剛〟の手になる作品は『自家伝抄』によると全十二曲、そのうち軍記物を扱ったものは、石橋山合戦における真田与一を描いた〈真田〉、二度の駈《かけ》をめぐって梶原父子が戦功を争う〈梶原座論〉（別名〈座敷論〉）、篠原合戦の実盛首実検を扱った〈実検実盛〉、橋合戦のさまを描いた〈成　明坊《じょうみょうぼう》〉（別名〈一来法師〉）、宇治川先陣にまつわる佐々木・梶原の達引《たてひき》を扱った〈佐々木〉（別名〈馬乞佐々木〉）、それに平治物語を扱った〈悪源太〉、更に弓流しを扱ったと思われる〈熊手切〉（佚曲）を合わせると計七曲、実に半数以上が軍記物を素材としている。『自家伝抄』はその由来が今一つ明確でない作者付ではあるが、当時の演能記録を検してみても、享徳元年（宝徳四年　一四五二）二月十二日金剛大夫薪社頭能で〈磨墨生食《するすみいけずき》〉（〈佐々木〉であろう）が、また寛正六年（一四六五）九月二十七日、将軍南都下向の際の四座演能で、金剛大夫によって〈クマンキリ〉が演じられている。それらから推せば、『自家伝抄』の記載も、少なくとも〝金剛〟に関しては相当信用してよさそうに思われる。

また世阿弥は『申楽談儀』（二一）の中で、金剛権守《ごんのかみ》という能役者について「かさ有りしシテ」（重量感のあったシテ）と評しているが、その出自については同じく『談儀』（二三）

に、鎌倉から上った者としているし、また少しく時代は下るが永禄二年（一五五九）の『日我いろは字』（釈最集）という辞書に「上野国小《ヲ》幡《ハタ》カ一門也、金剛房ト云、児《チゴ》名也」とあるので、そうした芸風や、関東出自ということが、軍記物にこのようなかたちで関心を持たせることになったとみてよいであろう。

　さてこの七番は現在ではすべて廃曲となって上演されることはないが、幸い大部分が詞章を伝えているので、その大体の内容を知ることは出来る。それらを一読してわかることは、一つはすべてが大和猿楽本来の劇的・現在能的構成で夢幻能が一つもないこと、今一つはとり上げてある人物が、もっぱら武勇すぐれた武将であり、戦場において殊勲に輝く人、あるいは最後に敗死するにせよ、捕えられるにせよ、真田与一や悪源太義平のように舞台いっぱいに大活劇を演ずる人ばかりであることである。たとえば〈真田〉の股野五郎との一騎討ちのさまをみても、

　〽いざや組まんと景久（股野）は、〳〵、敵《かたき》近くも駈け出だす。もとより真田与一、組まんと用意なれば、しづ〳〵と馬かけ並べ、互ひに太刀を投げ捨てて、袖引つ違へむんずと組んで、両馬があひにどうど落つ。処から難儀の悪処の、暗さは暗し巌石なれば、えいやとはぬればころりと転び、上になり下になつて遥かの谷に転び落ちしが、真田は力まさり、股野をとつて押しつけ、頸をうたんと刀を抜けば……

という具合で、およそ今日「つづれの錦」といった評言を下される謡曲の詞章の概念とはかけ離れたものである。だがこれも世阿弥の修辞の方がむしろ特別なのであって、〝金剛〟と並ぶ今一人の大衆作家宮増の作品の詞章から推しても、この〈真田〉のような文が当時の能の実態であったろう。そしてこの石橋山の真田与一の説話は通常の語り本『平家物語』には見えない話で、これを〝金剛〟がとり上げているということは、その出自の地関東地方であることにさかんに伝承されていた源平の合戦談にまで取材の範囲を広げていたということであろう。宮増の作品に地方伝説を扱ったものが多いことと思い合わせると、彼らの行動範囲・活動対象がどういったものであったかということについていろいろと考えさせるものを含んでいるように思う。

また〈実検実盛〉にしても、世阿弥の名作〈実盛〉とは全く違って、これは実盛の首実検のさまを、戦勝者義仲の側から描いたものである。篠原合戦で凱歌をあげた義仲が勧賞の場で手塚太郎の持参した首を見、またその合戦談を聞くが、その武者に不審の念を抱き、樋口兼光を召して首を見せるとまさしく斎藤別当実盛のものであった。樋口は実盛のかねての覚悟を語り、座中一同感涙にむせんだ。最後に義仲の「めでたき砌《みぎり》なり、ただ一さし舞ひ候へ」に応じ樋口は立って舞う、という内容である。すべてを義仲の御前の出来事に仕組み、さしたる趣向もこらされていない。〈実盛〉が、遊行上人の前に現われた霊が、おのが討死のさまを物語りつつ、しだいに観客を夢のうちに古典の世界へ導入して行く手法に比べると、至って武骨で平板で、散文的であり、情趣という点では遥かに劣る。つまり〝金剛〟は軍記物を武勇談・戦功談としてそれも現実的に捉えているのであって、その点では世阿弥と大分に違う。前に世阿弥のとり上げた武将はすべて「遊士」であると言ったが、今一つこの人たちが忠度にしても頼政にしてもすべて敗者であることも特色に数えてよいであろう。「源平の名将」と言っても、世阿弥にとってはそれは敗死することも条件の一つであった。『平家物語』という作品は、最初から今のような叙事性・抒情性を兼ね備えた名作だったのではなく、長い間本文が流動していく過程で成長し整備されたものであり、その流動は大まかに言って、原初の源平闘争の過程を追った記録的な傾向の強い作品から、しだいに平家がいかに美しく滅んでいったかを物語る文学へと昇華していったと言えるであろうが、世阿弥はまさしくこの路線に沿って『平家物語』を捉えているのである。

『平家物語』の二つの側面

こうみて来ると、同じく『平家物語』を素材にすると言っても、〝金剛〟と世阿弥の間には、曲全体の構成や個々の修辞という点だけでなく、それ以前の『平家物語』観において根本的な相違があったことがわかる。悪源太・真田与一・橋合戦・宇治川の先陣といった説話と、頼政最期・忠度都落・通盛と小宰相の哀話の類とは、言わば『平家物語』の楯の両面であり、前者の叙事的武勇談を好む層と、後者の抒情的哀話を好む層との間にはかなり明確な一線が画せたのではないか。世阿弥の伝書に出て来る言葉で言えば「田舎・遠国」と「貴所上方」である。

世阿弥と〝金剛〟、この二人の作品の優劣を定めることは、いとたやすい。『平家物語』の抒情的な線を打ち出した世阿弥の諸作が今日も依然人気曲として舞台でくり返し上演されているのに対し、〝金剛〟の活劇的作品はすべて廃曲となってしまった。世阿弥の平家観は、そのまま近世以降の「平家なり太平記には月も見ず」という常識的な平家観ともつながるものである。だがこの両者の評価がそのまま中世においても通用するものであるかどうか。当時の一般大衆から言えば、むしろ〝金剛〟の作の方に人気は集まっていたのではないだろうか。実馬甲冑を用いた多武峰様《とうのみねよう》猿楽〈一谷先陣〉が演じられていた時代である。『看聞御記』『多聞院日記』『東大寺雑集録』その他に散見する風流《ふりゅう》の作り物や廻り灯籠のデザインの多くは、「鵯越《ひよどりごえ》坂落」であり「熊谷平山先陣」であり、「景清三尾谷錣引《しころびき》」であり「那須与一扇の的」の類である。『平家』以外のものなら「牛若弁慶切合」であり、「熊坂長範」「曾我兄弟」「朝比奈門破」であるということは、当時の民衆が『平家物語』をどう受け取っていたかを物語っている。それはもっぱら叙事的武勇談的な説話ばかりで、そこには抒情的な場面はほとんど出て来ない。

時代は下るが『常山紀談』や『駿台雑話』に載る天徳寺了伯の話もある。秀吉に仕えた上野国佐野の領主天徳寺了伯のところへ巡遊の琵琶法師が来た。「たゞあはれなる事を」と所望されて法師が語ったのが「宇治川の先陣」と「扇の的」であった。了伯はそれを聞きながら武士の心根を思ってさめざめと泣いたが、家臣たちはその曲を「勇烈なる事にて、あはれなるかたは少しも候はぬ」としか感じないで、了伯の心を理解できなかったという話である。これはこうした武勇談まで「あはれ」と感じる人があった反面、大部分の者はそれを単に「勇烈」という風にしか受けとめていなかったことを物語る。

世阿弥は『談儀』（二二）において金剛権守らを「田舎の風体」と軽蔑している。しかし金剛座の芸風や作品傾向はこのような一般大衆の好みを反映したものだったのではなかろうか。『平家物語』は確かに中世という時代を通して、本来の合戦談の上にしだいに抒情的側面を付加しつつ成長していったのには違いないが、その場合も、もっと単純明快に、勇壮な武勇談・功名談として『平家物語』を考えていた人も多かったということを、これらの〝金剛〟作品は教えてくれるようである。小林秀雄氏は「『平家』のあの冒頭の今様風の哀調が、多くの人々を誤らせた」とし、宇治川の先陣について「この辺りの文章からは、太陽の光と人間と馬の汗とが感じられる」と言う（『無常といふ事』）。氏の捉えた側面こそ〝金剛〟の、また当時の民衆の捉えていた側面だったのである。世阿弥のものが仏教的に処理された抒情文学とすれば、これはまさしく生身の人間の活躍するドラマであった。このように考えて来ると、当代的な『太平記』的世界から離脱し、『平家物語』本来の武勇的側面を避け、また判官伝説や曾我伝説のような口承的世界には見向きもせず、花鳥風月に作り寄せた世阿弥の修羅物が、当時の人びとにどれだけ理解され喜ばれたかは疑問なしとしない。むろんその修羅物は、古修羅の妄執・物狂の世界から見事に脱皮し、完璧と言ってもよいほどの夢幻能形式による古典的・抒情的世界への導入再現をなしとげているけれども、やはりこの点についても、脇能の場合と同じく、現代における世阿弥の評価と当時の大衆の評判との間には相当大きな違いを認めねばならないような気がする。

五　王朝古典の世界――女体能をめぐって

王朝女性の能への登場

『平家物語』の抒情的側面に光を当てて夢幻能形式を創出した世阿弥が、次に着手したのが『伊勢物語』に始まる王朝古典の劇化であった。今日のいわゆる三番目物に当たり、ここにおいて能の花とも言うべき女体の夢幻能が完成する。

父の観阿弥にも、〈百万〉〈卒都婆小町〉〈吉野静〉〈松風〉等女性をシテとした能はあるが、それは百万のように当時実在した巷談的人物か、小町・静・松風のように大衆の間に伝承を通して生き続けていた女性であった。その点、義満・良基の文化圏内に育った世阿弥の場合は、年少の頃から直接にも間接にも、そうした伝承より『伊勢』『源氏』のような王朝古典に触れる機会は多かったと思われる。『平家物語』の抒情性から王朝の作品にさかのぼっていくということは、世阿弥にとってはごく自然な筋道であった。かくて〈頼政〉〈忠度〉から〈井筒〉や「葵・夕顔・浮舟」（三道）への道が開ける。そしてこの場合、かつての脇能の芸術化が修羅物夢幻能の創出に役立ったように、修羅物における亡霊や物狂の克服の方法が、今度は女体夢幻能の成立において、至って効果的に適用されたようである。

ところでそうした夢幻能が女体、特に王朝物語の世界まで及んだのはいつ頃のことであろうか。応永三十年（一四二三）成立の『三道』の中で世阿弥は新作の規範とすべき能を二十九曲あげているが、その中に女体としては〈箱崎〉〈鵜羽《うのは》〉〈盲打〉（佚曲）〈静〉（吉野静）〈松風〉〈百万〉〈浮舟〉〈檜垣《ひがき》〉〈小町〉（卒都婆小町）の九曲を記している。『中楽談儀』（一六）によれば〈箱崎〉〈鵜羽〉〈檜垣〉は「世子作」であり、〈松風〉〈百万〉も観阿弥の原作であるが世阿弥が手を加えているらしい。ところが〈箱崎〉〈鵜羽〉は女体の脇能であり、〈檜垣〉は老女を主人公としたもので、今日「本三番目物」などと呼ばれる純粋に女体の夢幻能とされるものは、この段階ではまだ生まれていなかったようである。その点修羅物が同じ個所に〈通盛〉〈忠度〉等六曲の名が見えているのと対照的で、これは女体夢幻能の成立が修羅物に比し数年は遅れていることを示すものである。

憑き物と女性

だがこの『三道』の中に「女体」について、

これはとくに華やかな情趣をこめて書かなければならない。さまざまな能のなかでも、これはとくに、舞歌を生命とする能の代表的な作風なのである。そうした女性主役の能のなかでも、また格別に高級な情趣をたたえた作風というものがあるであろう。女御《にょうご》・更衣《こうい》、葵・夕顔・浮舟などという、『源氏物語』に出てくるような高貴な女性を主要人物にした場合であって、その気高い品位、世の常ではない風情、ありさまを十分心に置いて書かなければならない。

というあたりに、彼の興味がようやく百万や松風・村雨のような巷談説話的な人物ではなく、王朝古典の女性像に向いて来たことが窺われる。だが同時にその葵・夕顔・浮舟が「六条の御息所《みやすどころ》が葵の上に憑き祟《たた》り、夕顔の上が物の怪《け》にとられ、浮舟の憑き物など」にとり憑かれるところこそ「稀に見る風情の母体」としているところに、この段階における女体能の限界を見ることが出来る。観阿弥の〈松風〉も〈卒都婆小町〉もいずれも「憑き物による物狂」であったが、『三道』の時点でも女体は素材を王朝にとるというだけで、実質的には観阿弥の女能の段階からさして出ていなかったのである。

「憑き物による物狂」のことは、早く『風姿花伝』（物学条々・物狂）に述べられている。そこには物狂を「憑き物による物狂」と「思ひ故の物狂」に分かって、

何かものに憑《つ》かれた役、たとえば神・仏、生きた人間の霊魂、死人の霊魂などが憑いた物狂いは、その乗り移ったものの本体を把握して演戯するように工夫すれば、役づくり

の手がかりが得られやすいものである。

これらと異なって、(「思い故の物狂い」、つまり) 親に別れたり、子供と別れてたずね歩いたり、夫に捨てられたり、妻に死なれたりすることによって狂乱する物狂いは、なかなか容易でない。相当に上手な演者でも、こうした、それぞれの曲の内容を考えないで、ただ、物狂いであるからといって、(憑き物による物狂いでも思い故の物狂いでも) どれもこれも同じように狂乱だけを演じてしまうから、感動をあたえないのだ。

と記している。

現行曲では物狂と言えば〈隅田川〉とか〈三井寺〉とか〈班女《はんじょ》〉とかのような、我が子に別れ恋人を捜し求めるための「思ひ故の物狂」が主流となっており、「憑き物による物狂」というのは少ない。しかし観阿弥の物狂能と世阿弥の物狂能とをこの二つに分類してみると、世阿弥の作品が〈桜川《さくらがわ》〉〈花筺《はながたみ》〉〈班女〉〈水無月祓《みなづきばらい》〉等、ほとんどすべて「思ひ故」のものばかりであるのに対し、観阿弥のものは小野小町に深草少将の怨霊が乗り移って狂乱する〈卒都婆小町〉は言うまでもなく、〈松風〉は恋人の形見の衣を着て狂乱するところは多分に憑き物的であり、〈求塚《もとめづか》〉にしても現在では複式夢幻能の形式に納められているが、女に憑く男の執念という視点からみれば、これも憑き物による物狂能ともなり得るものである。このように、観阿弥の時代には物狂と言えば憑き物というのがむしろ普通であったのが、世阿弥一代の間にしだいに「思ひ故の物狂」に主流が交代し、次の十郎元雅の代ともなれば〈歌占《うたうら》〉を例外として〈弱法師《よろぼし》〉〈隅田川〉のように「思ひ故」のものがもっぱらとなり、「憑き物による物狂」の時代が終ったことを示している。

物狂から複式夢幻能へ――〈松風〉

しかしこの「憑き物による物狂」はそのまま消滅してしまったのであろうか。そうではなくてこれが再生したのが複式夢幻能だと言えるのではないか。それが武将の場合には世阿弥は「女物狂などに」憑くことを排除し、前後を男性に統一して古典的・抒情的な修羅物を創出したが、女体の場合にも同じように憑き物による女物狂を見事に昇華させて女体の複式夢幻能を完成させたとみることが出来よう。

この兆しが窺えるのが、観阿弥原作、世阿弥改作の〈松風〉である。諸国一見の僧が須磨の浦へ来て、故ありげな松を見付け、所の者（間狂言）に尋ねてそこが昔在原行平《ありわらのゆきひら》に愛された松風・村雨の旧跡であることを知る。近くの塩屋を訪《と》うて一泊を乞うが、その屋の主二人の蜑乙女《あまおとめ》に松風・村雨の話をすると二人とも涙ぐみ、我こそはその亡霊よと打ち明ける。そして松風の方はしだいに心乱れ、行平の形見の烏帽子・狩衣を見ては、

〽宵々に、脱ぎて我が寝る狩衣《かりごろも》、かけてぞ頼む同じ世に、住むかひあらばこそ、忘れ形見も由なしと、捨ててもおかれず、取れば面影にたちまさり、起き臥し分かで枕より、後より恋の責め来れば、せん方涙に伏し沈むことぞ悲しき。

と悲しみ、形見の品を身につけ（これを「物着」という）狂乱の舞を舞う。そして、

〽松に吹き来る風も狂じて、須磨の高波激しき夜すがら、妄執の夢に見《み》ゆるなり、我が跡弔《と》ひて賜《た》び給へ、暇申《いとま》して帰る波の音の、須磨の浦かけて、吹くや後ろの山颪《やまおろし》、関路の鳥も声々に、夢も跡なく夜も明けて、村雨と聞きしもけさ見れば、松風ばかりや残るらん、松風ばかりや残るらん。

と僧の夢さめて終る。有名な〈熊野《ゆや》〉と並び称せられる名作で、それが「春の曙」とされたのに対し、「心・姿、秋の夕暮のごとし」と評された秀曲である。

この〈松風〉は、夢幻能ではあるが、中入《なかいり》のある複式形式ではなく、物狂能ではあるが〈卒都婆小町〉や〈百万〉のような劇的現在能形式ではない。古人の亡霊ではあるが、物着によって物に憑かれ物狂状態になる。恋人の形見の衣を着ることによって物に憑かれるのであって、こう考えるといかにも「憑き物による物狂」の全盛時代に観阿弥によって作られ、夢幻能を完成させた世阿弥によって改作されたと言われるにふさわしい作品である。『談儀』（一五）に夢幻能に触れて、

また、前後二段にわかれ、シテの中入のある能は比較的書きやすいものである。中入なしで演じとおす能の場合は、見物の目に変化を印象づけるよう、曲趣の転換するところを作って書くべきであり、これがたいせつな要点である。この配慮がないと舞台に変化がなく、だらだらした感じになってしまう。『松風村雨』などは中入はないが、中入が

あるのと同じ趣きの能である。前半のロンギの末で〽憂しとも思はぬ汐路かなや」と謡い終わって、ひっそりと静まるところがそれである。

とある。これは複式夢幻の形式が出来上がった時点で旧作〈松風〉をふり返って言った言葉であるが、物狂能と複式夢幻能に共通したもののあることを物語っていて面白く感じられる。現在では前後の境はもう少し後の「物着」の辺におけそうで、シテの前半の正気の部分と、形見の衣を身につける後半とは、まるで前シテが中入して後シテとなって出て来たような錯覚を覚えさせるほど、複式夢幻能的感じが濃い。

つまり修羅という憑き物による物狂が修羅物の中に流れ込んだように、形見の物を着て憑かれることによる物狂が、世阿弥によって完成された女体の夢幻能の中に大きな要素となっていると言ってよかろう。〈松風〉は世阿弥の手によって改作されているだけに、修羅物における〈通盛〉と同じく、改作過程を通して彼が複式夢幻能の形式を探り出していったであろうことは想像にかたくない。

物着と複式夢幻能――〈井筒〉

女体における複式夢幻能形式を探る上において〈松風〉の次の段階を示すものが〈井《い》筒《づつ》〉である。これは応永三十年（一四二三）の『三道』には名が見えず、永享二年（一四三〇）

の『申楽談儀』(一四)で初めて名が出て来る。しかも世阿弥自身「井筒、上花なり」と褒めている自信作であるから、早く出来ていたのなら当然『三道』の新作の規範の中に加えられてしかるべきであり、それがないということはそれ以後の作、世阿弥としても相当晩年の作ということになろう。世阿弥という人は、若い女をシテとした作品はたくさん作っていそうにみえて、確実なものというときわめて少ない。その意味ではこの〈井筒〉は貴重な能である。

大和国在原寺に立ち寄った旅の僧の前に、一人の女が井筒のもとに現われる。実は紀有常《きのありつね》の娘の霊で業平の恋人ということになっている。後場ではその女が業平の形見の冠・直衣を身につけて登場する。面は前場と同じ若い女のままであるから、これはまさしく男装の麗人であるが、

〽今は亡き世に業平の、形見の直衣《なおしみ》身に触れて、恥づかしや、昔男に移り舞、雪を廻《めぐ》らす花の袖。

と謡うところをみれば、明らかに昔男、業平の霊が衣を通して乗り移ったと考えられる。

そして、

月やあらぬ春や昔の春ならぬわが身ひとつはもとの身にして

筒井筒井筒にかけしまろがたけ生ひにけらしな老いにけるぞや

といった業平の名歌をちりばめた詞章に合わせて月光を浴びつつ舞い続けるが、在原寺の

鐘とともに僧の夢はさめ、女の姿はどこへともなく消えてこの曲は終る。

一見典型的な複式夢幻能のようであるが、恋人の形見の衣を着ることによってその霊が乗り移るというところに、〈松風〉の「物着」と共通したものを感じさせる。〈松風〉においては舞台の上、観客の前で「物着」をするのであるが、これは一旦楽屋へ中入するけれども、言ってみれば楽屋で「物着」をして再登場するのである。〈井筒〉には、右のような常の演出の他に〈松風〉同様、舞台で「物着」をする別演出も伝わっている。もっとも、これが果

〈井筒〉　世阿弥の代表作。シテ・深野貴彦。

たして古態を伝えるものかどうかは軽々しく決められないけれど、それにしてもこの〈井筒〉は「物着」を今のように考えてみることによって、ほぼ複式夢幻能形式を完成しているとは言いつつも、他方では「憑き物による物狂」の残影をわずかながら留《とど》めていると言ってよかろう。つまり『三道』における、物に憑かれる王朝の女性たち、葵・夕顔・浮舟の類を、よりスマートに洗い上げたものということになるであろう。

確実な資料を辿る限り、世阿弥に関しては〝本三番目物〟的な女体の複式夢幻能は、この〈井筒〉までである。もし〈采女《うねめ》〉を彼の作とすれば、これは『大和物語』に取材し、舞い手にふさわしい采女を主人公としているということで、彼の作能路線にふさわしいものとすることが出来よう。他に〈檜垣〉があるが、これは百歳《ももとせ》に及ぶ老女の話で、ちょっと〈井筒〉の類と並べるには躊躇《ちゅうちょ》させられる。

またこの時代に存在していたことの知られる女体の夢幻能には、観阿弥作の〈求塚〉や〈江口〉、また女婿金春禅竹に与えたと思われる『能本目録』によって〈竜田《たつた》〉〈東北《とうぼく》〉の存在が知られる。だがそれらは、〈求塚〉のように妄執の憑き物としての色彩が濃過ぎたり、〈江口〉〈東北〉のように、和歌的世界といっても、西行・和泉式部という説話的・口承的世界に属するものであったり、〈竜田〉のように女体神能と考うべきものであったりで、多少取り扱いには注意を要しそうである。現在のものは、ことに〈江口〉など西行を登場させず、諸国一見の僧の前に遊女の船遊びという「風情にもなりつべき」シーンを展開させるなど、典型的な本三番目の形式を整えているけれども、観阿弥がこれを作った段階で、今日のような世阿弥的な抒情美を表出した曲になっていたかは疑問であろうと思う。

その他の複式夢幻能――〈融〉〈須磨源氏〉等

このように、王朝的・抒情的な複式夢幻能は女体に関するかぎり世阿弥においては〈井筒〉（もしくは〈采女〉）までしか辿れないのであるが、男体の場合には〈融《とおる》〉〈須磨《すま》源氏《げんじ》〉という二つの作品にその典型的なものが見出せる。これらは『談儀』『五音』等によって、

〈融〉　この貴公子融大臣も、前シテは尉姿で登場する。シテ・吉浪壽晃。

いずれもまず観阿弥が作り、それに世阿弥が手を加えたものであることが知られる。特に〈融〉などもとは鬼が融大臣を責めるという、今日の〈融〉からは想像も出来ない内容だったようだが、いずれにせよ世阿弥の手になる現行曲は、二曲とも前シテは尉姿でワキの前に現われ、後シテが融大臣・光源氏で昔のはなやかであった生活を懐かしんで舞うという、複式夢幻能の様式をとっている。『三道』の〈塩釜〉は〈融〉の別名であろうが、それだと、こうした貴公子物の夢幻能の創作は、修羅物とほぼ同じ頃、女体のものよりも早かったということになる。そしてこれらが王朝の貴公子であるにもかかわらず、前はまず尉姿で登場させているところに、脇能や修羅物と同じ思想が窺えるのである。この、複式夢幻能の場合の前シテ＝尉という方式は同じく世阿弥作の〈西行桜〉〈阿古屋松《あこやのまつ》〉（廃曲）の植物の精、〈野守〉〈鵜飼〉の鬼や閻魔といった曲についてもあてはまり、後の金春禅竹の〈小塩《おしお》〉（シテは業平）や観世小次郎の〈遊行柳《ゆぎょうやなぎ》〉（シテは柳の精）に受けつがれる。神・亡霊・精といった超自然的なものと老人とを結び付けているところに、世阿弥といえども伝統的な考え方に拠って曲を構成していることがわかるし、〈檜垣〉や〈当麻《たえま》〉に老女を登場させていることも、これと関連させて考えられるかも知れない。

女体能の行方

さて先に世阿弥の女体夢幻能を形成していく道を〈井筒〉までは辿った。その後の道について我々は、二つの方向を展望しておかねばならない。第一はこれまで探って来た〈松風〉〈井筒〉の路線から行けば、その行く手には当然〈野宮《ののみや》〉とか〈半蔀《はしとみ》〉とかの王朝古典を題材にした純粋な複式夢幻能に行きつくはずである。だが〈野宮〉は現行曲中屈指の名作とされ、諸作者付一致して世阿弥作としているが、世阿弥自身伝書の中で一度もこの秀曲に触れていないところをみると、彼の作に入れるのはやや不安を感じる。〈半蔀〉は内藤河内守という素人の作らしく、となると世阿弥の王朝路線は〈井筒〉でふっつりと跡絶えることになる。だが決してその糸は切れたのではなく、たとえば右の内藤河内守には他にも〈木玉浮舟〉という能があり、有名な三条西実隆（一四五五―一五三七）にも〈狭衣〉があるし、〈常盤〉（佚曲）も『狭衣物語《さごろもものがたり》』に拠ったものである可能性は高い。小田垣（小田切）能登守にも『源氏物語』に題材をとった〈朝顔〉があるが、これらはいずれも典型的な複式夢幻能形式をとっている。これらの曲の多くは廃曲となり、また実隆を除いてあとの二人の経歴は明らかでないが、いずれも当時としては知識層に属する人であろうから、こうした人の間で能を作ると言えば、まず王朝物語の女性を主人公とした夢幻能とする見方が一般化していたことは、世阿弥の考え方がここまで延長され結実していたということになるのではないか。そう考えると〈野宮〉が彼の作であると否とにかかわらず、〈野宮〉的なものが彼の晩年の志向の範囲内にあったということは間違いなく言えそうである。ただそうした〝世阿弥的〟なものが実現したのは、彼の死後ということになるのではないだろうか。

〈砧〉の位置づけ——準夢幻能

展望の第二は、その志向は志向として、我々が作品に即して辿り得る世阿弥の作能路線は、〈井筒〉から旋回して〈砧《きぬた》〉に赴いたということである。この〈砧〉は、〈井筒〉が『五音』『談儀』二書に名が見えるのに対し、『談儀』にしか出て来ないから、まさに最晩年の作であろう。

この曲のシテは古典の中の人物ではなく、筑前芦屋に住む芦屋某の妻である。夫が訴訟のことあって上洛するが、三年たっても帰宅しないので悶々《もんもん》の情を抱いている。そこへ都からの使に夫の召し使う夕霧という女が下って来、夫もこの歳末には必ず帰る由を伝えるが、女はただ留守の寂しさを歎くばかり。折から聞える砧の音に誘われて、自分も夕霧ともども砧を打つ。打つにつれて女の心はしだいに高潮し、錯乱状態に陥っていく。その間にも時は過ぎ行き、都から再度の使に、夫はこの暮にも帰れぬことがわかり、さては心変わりかと、落胆のあまり、女は心身ともに衰え病の床につき、ついに消え入るように死んでしまった。

やがて夫は帰郷したが、妻の死を悲しみ梓の弓にかけてその霊魂を叫ぶと妻の亡霊が出現し、妄執のあまり地獄に落とされた苦しみ、それにつけても夫の不実を恨むのであるが、夫の捧げる法華経の力で成仏し姿を消す。

以上が〈砧〉のあらすじであるが、ここには正気と物狂、現実と夢幻が交錯しており、父観阿弥から宮増・金剛につながる大和猿楽本来の劇的・現在能的傾向と、世阿弥が創出し展開させた夢幻能的傾向とを併せ止揚した作品と言える。その主材たる砧は室町時代の流行歌集『閑吟集』に、

〽衣《きぬ》〱の砧の音が　枕にほろ〱〱〱とか　それを慕ふは　涙よなう〱

とあるのでもわかるように、当時の日常的道具であると同時に、中国の蘇武の故事や、

み吉野の山の秋風小夜更けてふるさと寒く衣打つなり（新古今・秋下・藤原雅経）

という風に和歌の素材として、「木樵・草刈・炭焼・汐汲」などと並んで、これも「風情にもなりつべき」品の一つであったろう。このような対立すべきものをとり合わせて止揚して行く立場は、今一つ卑賤な老人が高貴の女性を恋するという〈恋重荷《こいのおもに》〉にもすでに見られるが、こうした日常性と古典性、時間と空間、夢幻能形式と現在能形式といった相反するものを、一曲の中で最も効果的に併立させ、準夢幻能とも呼ぶべき独自の味わいを創作したところに、世阿弥としては大きな自信を持っていたらしい。『申楽談儀』（序・一四）に次のような話が伝えられている。

ある静かな夜、〈砧〉の能の節について次男の元能が世阿弥に尋ねた。元能としてはこの名曲についての父の所感を自ら記し留《とど》めておいてもらいたかったのであろう。だがそれに対する世阿弥の返事は「かやうの能の味はひは、末の世に知る人あるまじければ、書きおくも物ぐさき（気が進まぬ）」ということであった。『談儀』の中に再度くり返されているこの言

葉は、まさに晩年の世阿弥の心境、そして環境をよく物語っているものであろう。この能の中にある日常性・世俗性は、古典性・夢幻性を通過した後のものであった。こうした世俗的な中に住む大衆こそ、能本来の観客であったが、世阿弥はそれに脇能の段階でまず遠ざかり、ついで修羅物の段階でそれを捨てていた。この能では砧を主材とし、現在能的構成に多分によりかかってはいるけれど、それはあくまで古典性・夢幻性を通過した後のものであり、やはり彼にとって大衆は遠くにあった。ただこれを父観阿弥への回帰とみられぬこともないが、それにしてもその心境を知るのは自身世阿弥一人であったろう。「末の世に知る人あるまじ」とは強い自負とみることが出来ると同時に、大衆をも保護者をも見捨て、かつ見捨てられた世阿弥の、この時点における、思わずももらしたつぶやきだったのではなかろうか。

第三章　世阿弥の芸論

一　世阿弥の伝書

世阿弥の伝書

世阿弥は、能役者であり、能作者であり、そして一座の統率者・演出家でもあったが、今一つ能理論家として勝《すぐ》れた才能を持っていた。世阿弥の伝書は明治四十一年（一九〇八）吉田東伍氏によって学界に紹介されて以来、長く『世阿弥十六部集』という名で呼ばれて来たが、その後幾つかのものが発見追加され、中には削られたものもあったりして、今では世阿弥著作としては以下の二十一書をあげることになっている。年代順に（不明のものは適宜推定して）並べておこう。

ただし、⑲『夢跡一紙』は早世した我が子元雅への追悼文、最後の『金島書』は佐渡で作った小謡《こうたい》集である。別に女婿金春禅竹に宛てた手紙二通が残っている。

伝書の時代区分

ところでこれらの能楽論は、三十年余にわたって執筆されたのであるから、おのずからその間に内容の推移がある。通常それを㈠『風姿花伝』時代、㈡『至花道』『三道』『花鏡《かきょう》』の時代、そして㈢『習道書』以後、の前・中・後三期に分かつ。ちょうど義満時代、義持時代、義教時代と重なるのであるが、ながらく通説的に行なわれて来たこの方法も、『風姿花伝』の「別紙口伝」と『花鏡』の下書きである『花習《かしゅう》』との交錯をどう処理するかとか、「中」から「上」、そして「下」へ回帰するという⑫の『九位』の位置づけの問題や、戦後発見された⑭『拾玉得花』を中期・後期、いずれに入れるかといった複雑な問題が生じて来て、この三区分説も最近では多少揺らいでいる。

確かに、他のものとはかなり画然と区別されそうにみえる『風姿花伝』にしてからが、左の表でわかるように、数度にわたって書きつがれたものであり、ことにその巻末の「別紙口

将軍	成立年月	書名	相伝者
義満	応永 七・四	①風姿花伝（一〜三）	
	？	同（四・神儀）	
	九・三	同（五・奥儀）	
	？	同（六・花修）	

義持	二十五・二	②花習（能序破急事）	
	二十五・六	風姿花伝（七・別紙口伝）	元次（先年・四郎）
	二十五・六	③音曲声出口伝	
	二十七・六	④至花道	
	二十八・七	⑤二曲三体人形図	
	三十・二	⑥三道（通称『能作書』）	元能
	三十一・六	⑦花鏡	元雅？（永享九・貫氏）
	？	⑧曲附次第	
		⑨風曲集	
		⑩遊楽習道風見	
		⑪五位	
		⑫九位	
	三十五・三	⑬六義	金春大夫
義教	正長元・六	⑭拾玉得花	同
		⑮五音	
		⑯五音曲条々	
	永享二・三	⑰習道書	座中連人
	二・十一	⑱中楽談儀（元能筆記）	
	四・九	⑲夢跡一紙	
	五・三	⑳却来花	元雅口伝？
	八・二	㉑金島書	

伝」は年代的にも内容的にも第二期のものと重なるところがある。しかもその応永二十五年（一四一八）の現存本は、

この別紙の条々、先年、弟四郎に相伝するといへども、元次、芸能感人《かんにん》たるによつて、これを又伝ふる所なり　秘伝々々

応永廿五年六月一日　世阿在判

という奥書が物語るように、第二次相伝本で、それ以前に弟の四郎（音阿弥の父）に伝えた本が成立していたのである。現在観世宗家に伝わる「別紙口伝」が、その四郎に与えた第一次相伝本かと思われるものであるが、破損はなはだしく末尾を欠いているので、奥書も知ることが出来ないのは、返す返すも残念である。

前後二区分説

このように考えて来ると、世阿弥の芸論を時代的に区分するということは、簡単には出来そうもないのであるが、ここでは思い切って①〝『風姿花伝』〟時代と②〝『花習』以後〟とに二区分して叙述を進めてみたい。それは、『花伝』は主として父観阿弥の影響下において成ったもの、そして世阿弥独自の意見が出て来るのは『花習』以後である、というごく素朴な割り切り方によるものである。だがこの二区分法は、第二章「世阿弥の作品」で述べたように、世阿弥に関しては『花伝』時代とそれ以後とで、能そのものが大きく変わっているこ

ともつながる。つまり脇能においては鬼がかりの神から老体の神へと変容し、修羅物を先頭に夢幻能がしだいに形式を整え、憑き物による物狂《ものぐるい》から思い故の物狂に物狂能の主流が交代した。劇的能の創作が減ったということも、またこれらと並行して見られた現象であろう。ともかくこのような能の変革を世阿弥が成しとげたのが、『三道』の書かれた応永三十年（一四二三）の前後数年のことらしいから、それならば応永二十五年以後の諸伝書は、応永初年（一三九四）の『風姿花伝』（少なくとも第五まで）とは根本的に異なるはずである。何となれば対象とする能そのものに大幅な変化があるからである。

その他、『風姿花伝』の叙述はすべてが具体的・実際的であるのに、『花習』以後のものはしだいに抽象的になるか、さもなくば逆に技術論的なものになるかに分化するという違いがある。論の深化とみるべきか、世阿弥の高踏化とみるべきか、意見の分かれるところであろう。

また、観客に対する心遣いが、目利き・目利かず双方を考慮に入れた『花伝』に対し、以後のものはもっぱら目利きのみを対象とする。「田舎《いなか》・遠国《おんごく》」という語があるのは『花伝』だけである。そして最後には、最高の目利きは自分しかないというところまで行きつく。そこには大衆はもちろん、義満・義持らの貴人さえもいなくなっている。この時が世阿弥の芸論の完成された時期であると同時に、世阿弥が芸能社会からはじき出た時期でもあったのである。

ところで『風姿花伝』全部を一括して論ずることについても、巻末の「別紙口伝」についてのみならず、その数度にわたる書きつぎを考慮に入れて、第四までを花伝前期、第五の「奥儀」第六「花修」第七「別紙口伝」を花伝後期と区分しては、という意見も出ている。

確かに『花伝』の第五以下の三篇は、第四までの部分を伝えられた者が更に高度の技量に達した段階で許される秘伝であって、それ以前の篇とはやや趣旨を異にする。しかしながら以上のような、能改革以前のものという観点からみると、特に「奥儀」「花修」は大局的には第四までと一括して扱ってよいように思う。第五「奥儀」には田舎・遠国という言葉が再三出て来るし、第六「花修」において「幽玄」と「強さ」との関係を説いた中に「武士、荒《あら》夷《えびす》」と共に「鬼、神」を強き物に入れているところに〝『花習』以後〟の老体に終始する神能との違いが感じられるように思う。

問題は第七「別紙口伝」で、この篇のことはすでに第三「問答条々」の中に「もし（あるいは）、別紙の口伝にあるべきか」と記されているところからすれば、この時期に「別紙口伝」は存在したか、少なくとも一応の腹案はたてられていたようである。となると、この時期つまり応永七年（一四〇〇）段階のものと、観世家の第一次相伝本かと思われるものを経て現行の第二次相伝本の成った応永二十五年（一四一八）とでは、二十年近くの隔たりがあるわけで、つまりこの期間を通して「別紙口伝」は世阿弥の中で温められもし、また成長もして来たのである。一方、この二十五年には『花鏡』の下書き『花習』がすでに書かれてお

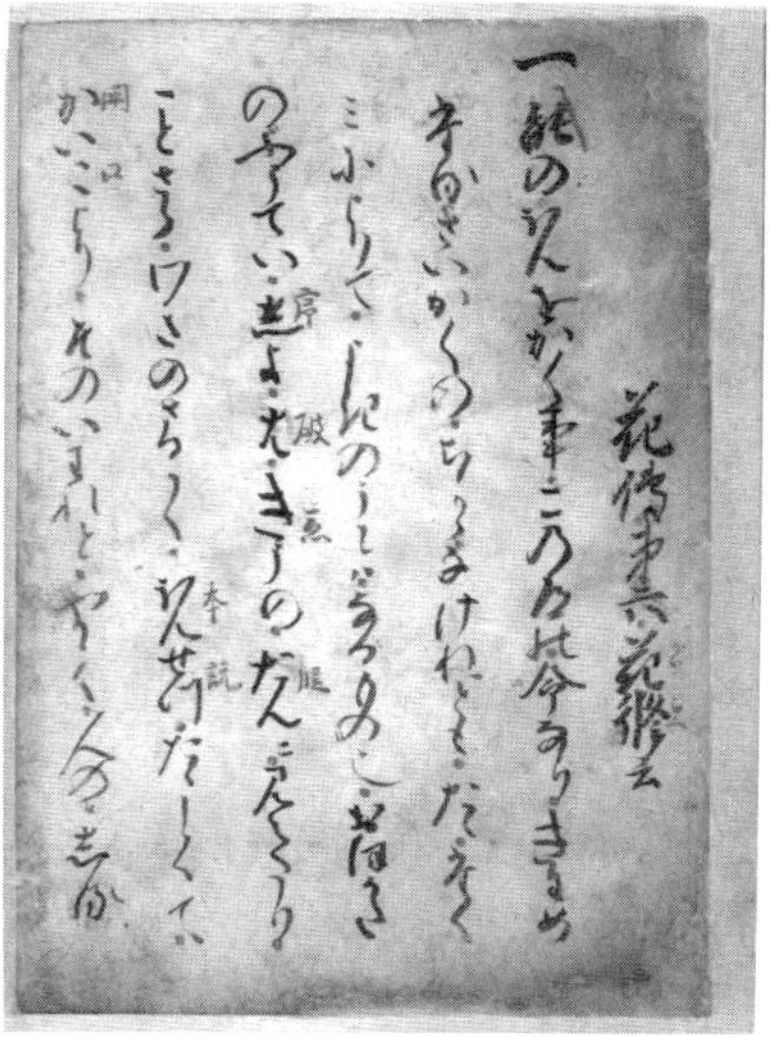

世阿弥自筆「風姿花伝」（花伝第六花修）　観世宗家蔵

り、現存しているのはその中の一章だけであるが、そこには「別紙口伝」はもちろん、『花伝』の第六以前のものともつながるものを少なからず含んでいることは、これまでも指摘されているところであるし、事実、現存本「口伝」中の「用心の花」について述べた条には『花習』の名が出て来ている。あれこれ考えるに、やはり「別紙口伝」は『花伝』の一部ながら両期の過渡期のものという風に考えて、多少の幅を持たさざるを得ないようである。

二　『風姿花伝』

『風姿花伝』のあらまし

『風姿花伝』は吉田東伍氏以来ながらく『花伝書』という名で親しまれて来たが、最近では『風姿花伝』というその本来の名称で呼ばれることが多くなった。世阿弥の最初の能楽論で、応永七年（一四〇〇）世阿弥三十八歳の時に、第一から第三までの主要部分が成った。一条竹鼻で勧進猿楽を演じた翌年である。彼としても、ようやく自分というものが確立して来たその自信と、父観阿弥への追慕の情と、更には子孫を思う気持と、そうしたものが合わさってこの著作となったのであろう。ただ、第三「問答条々」の巻末に「亡父の申しおきしことどもを、心底に挿《さしはさ》みて大概を録するところ」とあるが、全体を観阿弥の意見とまではみるべきでなく、父の意見を彼なりに受けとめての著述であることは言うまでもない。

この書は七篇に分かれるが、

第一　年来稽古条々（各年齢に応じた稽古のあり方）
第二　物学《ものまね》条々（各役に扮する演技の方法）
第三　問答条々（実際の上演についての一問一答）
第四　神儀云（神事としての能の由来）

ここまでが、言わば本篇に当たる。うち第一・第二が基礎篇、第三が応用篇とでもいうことになろうが、ここまでの部分が応永七年に成った。第四もおそらくそれと前後してまとめられたのであろう。この第四までをまとめた四巻本『風姿花伝』というのが、現在かなり方々に残っている。修行の過程で、ある段階まで達した者にまずこれだけを相伝するということが行なわれたのであろう。

第五　奥儀云（芸能人の生き方）
第六　花修云（能の創作と本質）
第七　別紙口伝

はそれぞれ技量の進展に応じて順次許されたものと思われるが、実際には第五までを備えた本が多く、六・七を伝えられた人というのはごく稀だったようである。

一、年来稽古

世阿弥の数多くの論著の中で、どれが最も価値があるかということは簡単には決められないし、また軽々しく論ずべきではなかろうが、演技の実際に触れたという点では、この『風姿花伝』特に第三までの部分は他に見られない面白さを持っている。第一の「年来稽古」は、役者の年齢に応じた修行のあり方を段階的に、「七歳」「十二、三より」「十七、八より」「二十四、五」「三十四、五」「四十四、五」「五十有余」と七つに分かって述べたものであるが、それぞれの文の結びを見ると、七歳では「この芸において、大方七歳をもて（稽古の）初めとす」とか、二十四、五を「この頃、一期の芸能の定まる初めなり」、三十四、五を「この頃の能、盛りの極めなり」という風に断定的に言い切っているのに対し、四十四、五になると「この頃よりは、能の手だて大かた変はるべし。……さのみに細かなる物まねをば、すまじきなり」、五十有余では「この頃よりは、大方せぬならでは手だてあるまじ」という推定を含んだ言い方になって来ている。この時、世阿弥が三十八歳であったという事実を考えれば当然のことであるが、それだけに本書の場合には、観阿弥の遺訓と世阿弥の体験とを重ね合わせようとした叙述と言えるであろう。

この「年来稽古」で有名なのは、能の美しさ「花」について、「時分の花」と「真の花」とを規定したことである。美貌・風姿・美声そういった年齢的な若さによる一時期のはなやかさと、修行によって身についた真の美との区別を立てたことで、このことは「問答条々」にも再度述べられているが、つまりは、

「一時的な花」を、「まことの花」と思いこむ自惚《うぬぼ》れこそ、真実の花からなおさら遠ざかる原因となる。要は、自分の芸に対して客観性を持つことが必要なので、多くの人々は、この一時の花の成果に惑わされて、若々しい美しさや評判は、たちまち失われてしまうことを知らないのだ。

ということなのである。このことさえはっきりしておれば、年功を積んだ芸人に対し最近

売り出したばかりの若手が競演で評判をさらうということなどはあり得ないのだ、と戒めている。これなど現代にも十二分に通用する教えと言ってよかろう。

三十四、五を「盛りの極め」として、四十四、五から、五十有余にかけては、当時の芸能人としてはただ下降の一途を辿るばかりが常であったようだ。四十四、五ではよき助演者を持ち、自分に似合った役柄を選んでやすやすと演じることで切り抜けよと述べた世阿弥も、五十有余では「大方せぬならでは手立てあるまじ」と完全にお手上げの状態である。ただそうした世阿弥にとっての救いは、四十歳を越した父観阿弥が演じてみせた〈自然居士〉の若々しさであり、五十二歳の五月四日、すなわち死の半月前、駿河国浅間《せんげん》神社の神前における舞台姿であった。

その日の彼の能は、とくに華やかで、すべての観客は一様に褒め讃えたものである。およそ、その時分観阿弥は、得意とした多くの演目を、すでに若い演者に譲っていて、年齢相応に、やすやすと演じられる曲を、内輪にひかえた演戯で、しかも、演出には工夫をこらして演じたが、その芸の魅力はますますみごとに見えたのである。

とは「五十有余」における世阿弥の記述である。そしてこれは更に「幽玄無上の風体」「上花に上りても山を崩し、中上に上りても山を崩し、又、下三位に下り、塵にも交はりしこと、たゞ観阿一人のみなり」という『談儀』（序）の賛辞まで、一生抱き続けた理想の影であった。だが父と自分とでは、体質も違えば環境も違う。そこでこれから後の世阿弥は、この「せぬ」の意味を深く探り、それを積極的に転化する方向に突き進む。その行く手における彼の作業が、物まねを基調とする劇的現在能を排した夢幻能の創出であったのではなかろうか。

二、物学条々

第二は「物まね」についての心得である。女・老人・直面《ひためん》（面をつけないで演じる、現実の男性の役）・物狂《ものぐるい》・法師・修羅・神・鬼・唐事《からごと》の九体に分けて述べている。これが〝『花習』以後〟においては、老体、女体、軍体に統制され、しかもそれがほぼそのまま今日に及んでいることを思えば〝『花伝』時代〟の能が非常に写実的傾向の強い、物まね本位のものであったことが察せられる。

この九体の中で、物狂、修羅、鬼等の叙述内容が、後の夢幻能成立後のそれと食い違っていることは前章でも再三述べたところであるが、その他の人体でも大分変化があり、たとえば女についても、まず「若きシテの嗜《たしな》みに似合ふことなり」という考え方で、女体を能の代表的ジャンルとする主張はまだ出ていない。以下も、もっぱら扮装に気を配れば姿態がよくなるという程度の心得で、「いづれの物まねなりとも、仕立て悪くてはよかるべきかなれども、殊更、女懸り、仕立てをもて本とす」とある。一体、この「物学条々」の心得は、今日では能だけでなくかぶきの演技に参考となる点も間々あるのは興味深いことである。

この項に出て来る女は、曲舞師《くせまいし》、白拍子、物狂を特にとり上げており、これらすべて（物狂を含めて）舞を本業とする人たちであることが注目される。つまりこの時期においては、能に登場する女性は何よりもまず舞を舞うにふさわしい者でなければならなかった。確かに観阿弥の作品を見ても、〈百万〉〈松風〉のような物狂、〈静〉のような白拍子、〈江口〉の遊女等がほとんどで、それも、古典的なもの、永遠の美への志向はまだ現われていない。

しかし物まねといっても、何でも似せればそれでよいというものではなかった。田夫野人《でんぷやじん》といった下賤の役に扮するときはよく似せることが物まね本来の目的であるとはいっても、その賤《いや》しい動作そのものを細部にわたって似せるべきではない。たとえば木樵・草刈・炭焼・汐汲といった低い身分の役でも、自然の美と結びついた詩情を感じさせる一面をこそ、こまかに似せるべきであろうか。そうした美しさも感じられないような卑俗な振舞は、あまり忠実に似せるべきではない。

物まねにも限界がある――ということはすでに『花伝』の段階で認識されていたのである。

この九体の物まね論は、当然のことながら後の三体論には見られない具体性を持っている。仕立て（扮装）に気をつけよというのもそれであるが、物狂においては「物思ふ気色を本意（心）に当てて、狂ふところを花（舞台の見せば）に当て」とか、鬼の面白さを「巌《いわお》に花の咲かんが如し」というあたりは、後の伝書には見られぬ、そのものずばりといった表現である。老人の芸を「老木《おいき》に花の咲かんが如し」とあるのも同様であるが、これが後の『二曲三体人形図』になると、この他に「閑心遠目《かんしんえんもく》」という語が加わり、正長元年（一四二八）金春禅竹に与えた『拾玉得花』に至ってはこの「閑心遠目」だけで老人のあるべき姿を説明している。これは「心を閑《しず》かに持って、眼は遠くを見る」意だとして「老眼霞みて、遠見さだかならぬ風姿なり」という注記がある。それにしても「老木に花の咲かんが如し」に比べればよほど抽象化され凝縮された観念と言えるであろう。それに「老木に花」の方は観客から見る舞台の風姿を考えているのに対し、「閑心遠目」の方は演じる主体の立場であるべき姿を言っているようである。自己こそ最高の、そして唯一の観客とする、晩年の世阿弥の意識の表われであろうか。

こうした観客・演者を含めた具体的な演劇論である『風姿花伝』的なものは、後年になるにつれて彼の理論の中から段々に姿を消す。もちろん『花伝』は後々まで第一段階での相伝書であったのであろうから、世阿弥がこの書の中の考え方をすべて捨て去って、『至花道』なり『花鏡』なりの段階に進んだのだとは言いがたい。だが実際問題として、この「物学条々」などは、夢幻能を主演目とした能の世界では受け入れがたいところが多くなったはずである。そのためこうした教えが、演技の上でどれだけ生かされたか、考えてみると惜しい気がする。

三、問答条々

第三の「問答条々」は、演能の実際についての質疑応答形式による説明である。たとえば、当日演能の場に臨んで、会場全体の雰囲気の把握がいかに大切かということとか、能の序破急と演目選定についての心得、他座との競演に際しての心構え、時分の花と真の花についての再論等が九項に分かって述べられてある。この場合注意すべきは、これらがすべて、いかに能を上手に演じて他座を圧倒し、天下の名望を得、貴人の気に入られるかという立場から述べられているということである。従って作能ということを例にとっても、

能の作者と演者が別人であると、どんなに勝れた演者が演じた場合でも、作者の考えと演者の考えが一つになりきることがむずかしいから、思いどおりの舞台を創ることができにくい。しかし、自分が書いた作品であれば、詞章についても、演出や振付の面についても、あらかじめ自分の胸の中で考えられているわけだから、思いのままに演じられる。能が舞えるほどの人で、文才があれば、自作の能を作ることは容易なことであろう。この、自分で能の台本を書いて上演するということは、能にたずさわる者としての生命ともいうべきことである。どんな勝れた演戯者であっても、自作の能を持っていない、したがって演目の貧困な演者は、たとえば、一騎当千の勇士でありながら、戦場において、武器をたずさえていないのと同じことで、持てる力を十分に発揮することは不可能だ。

という風に、今日の文芸意識とはまるで違った目的で作られていたのであった。こうした姿勢は「問答条々」全篇に、ひいては『風姿花伝』全体に通じるところであり、能楽論といってもそれは彼らにとっては実戦論だったのである。

『花伝』四〜六

第四の「神儀ニ云ク」は、猿楽能の起原、神事との関係についての記述で、他の、芸論の部分とはやや内容を異にする。おそらく猿楽者の間に伝承されて来たものであろう。そして第五「奥儀ニ云ク」第六「花修ニ云ク」と、論は段々に深まっていく。

「奥儀」には、応永九年（一四〇二）三月の奥書を持つ伝本がある。内容は大和猿楽と近江猿楽や田楽能との芸態の違い、観客の目利きと目利かずの別、貴人・寺社・田舎のすべてに受けられる芸を持つべきこと等が述べられているが、集約すれば芸の広さ、「衆人愛敬」の技を持つのが天下の名人になる道だということであり、そこで父観阿弥の名をあげている。「奥儀」の中で父の名を出しているのはここ一個所であるが、この章を仔細に読めば、それと一々書いてはないけれども、どの部分をとり上げてみても、観阿弥を念頭におきながら記述を進めていることは、よくわかる。

　たとえば、上手な芸人は目利かずの観客に受けず、下手な芸人は目の利く観客に満足してもらえないことを記したあとで、しかし、ほんとうにあらゆる芸を身につけて、しかも、創造的能力を持った演者であるならば、こうした鑑賞眼の低い観客に対しても感動をあたえるように、能を演じるはずである。この芸術的な創造精神と演戯者としての卓越した技術とを、兼ねそなえた演者こそ、花を体得した人というべきである。こうした本物の芸術家としての芸格にいたった演者なら、どんなに老年になったとしても、若い役者の持っている外面的な美しさに劣るなどということはあるはずがない。したがって、こういう芸格を身にそなえた上手こそ、天下の名人としてあまねく人々に認められ、都会の文化的な観客だけではなく、どんな田舎の素朴な観客に対しても感動をあたえることができるであろう。こうした広い観点から能を把握する能力を持った演者は、大和申楽《さるがく》・近江申楽または田楽の芸風にいたるまで、人々の好みや要求に応じて、いずれの分野においても、観客に満足をあたえられる上手であるはずだ。

とある。この部分には観阿弥という名は一度も出て来ないが、これは明らかに観阿弥のことを言っている。この章の題名を単に「奥儀云」でなく「奥儀ニ讃歎シテ云フ」と記している本もあるが、まさしくこれは「観阿弥賛」のための一章なのである。

六の「花修」は、能作についての心得を通しての能楽論であるが、中に他の部分に見られない「音曲の言葉の便りをもて、風体をいろどり給ふべきなり」「人の心々にて、勝負をば定め給ふべし」という言い方をしていることが最近注意されている。世阿弥にこうした敬意を払われながら能作の心得を教えられる人とは、一体誰だったのであろうか。「花修」の謎の一つである。

別紙口伝

この、五・六両章はよほど『至花道』や『花鏡』に近寄った面もみられるが、全体としてはやはり、『花伝』本篇（一～四）の範囲をさして出ていないように思われる。それに対し第七「別紙口伝」は、能の舞台の美しさ、「花」というものについての論で、ここで『花伝』全体を集約し、『花習』や『至花道』以後を展望する位置にあると言ってよいようである。「別紙の口伝」の名は早く第三「問答条々」の中で真の花を身につける方法について「この理《ことわり》を知らんこと、いかゞすべき。もし（あるいは）、別紙の口伝にあるべきか」とあるから、この段階ですでに腹案はあったと思われるが、同時にまたその「別紙口伝」の中に「これは『花習』の題目に詳しく見えたり」という文もあって、そういった点からも「別紙口伝」が両期にまたがる伝書であることがわかる。

ところで、ここで主題とされている「花」であるが、これは特に世阿弥の使い始めた言葉ではない。南北朝から室町初期にかけて、立花、花の下連歌、花の御所という風な言葉から喚び起こす一つの時代感覚が醸成されていたようであるが、それを世阿弥が芸論の上にかたちどったもの、という風に考えられている。その少年の日に感化を受けた二条良基も連歌の上でさかんにこの語を用いているが、多分に開放的で生新で、官能的なものをその基盤に持っているようだ。能の場合には観客が捉える舞台の美である。それを更に演者の側からどう捉えるかという立場で論じられている。

「別紙口伝」は八条に分かれる。それぞれの主題をあげれば、(イ)花とは何か、(ロ)歌舞の花、(ハ)物まねの花、(ニ)十体の花・年々去来の花、(ホ)用心の花、(ヘ)秘する花、(ト)因果の花、(チ)花とは何か再論、ということになろうか。

この「別紙口伝」を読んで感心することは、世阿弥が「花」というものを実に多角的に解明していることである。(イ)花とは何か、において、「花とて別にはなきものなり」と言いながら、面白く珍しきが花であるとする。珍しいと言っても珍奇の意ではない。一年間にわたって次々といろんな花が咲くように、能の舞台においていろいろな美しい演技を次々と演じるのが「花」なのである。(ロ)(ハ)はそれを表現するために謡と舞、物まねにおける心得であるが、物まねを通して「花」というものを考えているところは、『花習』以後にはつながらない。〝『花習』以後〟においては物まねよりは物の本質、あるべき姿といったものが重んじられて来るようである。(ニ)は二つに分かれ、前半は十体の花で、「物学条々」や「奥儀」と関連のある広さの花、つまり女・老人・鬼・修羅等物まねのあらゆる風体にわたって「花」がなければならぬということ、後半は年々去来の花で、初心の頃には初心の頃の花があり、壮年期には壮年期の花があり、老年には老年の花がある。それをその年代が終ったからといって捨て去ることなく、すべてを保ち続け、併せ持たねばならぬというのである。有名な「初心忘るべからず」という言葉が最初に出て来るのがここである。十体の花を平面的な広がりの花とすれば、これは時間的な広がりの花と言えよう。老年になってもかつての若ざかりの時の美を持ち続け、適宜とり出して舞台でそれを表現するということは、言うは易くとも実際に行なうことは不可能に近いが、世阿弥に言わせると、ただ一人それの出来たのが観阿弥であったのである。「奥儀」でもそうであったが、この「別紙口伝」でも依然観阿弥は生き続けている。観阿弥の名前こそ出していないが、(イ)の「物数を尽《つく》して鬼を珍らしくし出《いだ》したらんは、珍らしき所花なるべき程に、面白かるべし」にしても、(ロ)の「上手と申すは、同じ節かかりなれども、曲を心得たり」にしても、(ハ)に例に引いた老人の物まねにしても、世阿弥は常に父の演技を思い浮かべながら説明しているようである。つまり観阿弥という人を基準に能楽論を展開している感がある。『花習』以後でも、観阿弥の名は出るし、そのたびに礼賛はしているが、晩年の『九位』を除けば、論の部分と観阿弥賛とが十分嚙み合っていないようである。そうした点でも『花伝』と『花習』以後とは間に線が引けそうである。

(ホ)の用心の花は面白い。

能を演じるとき、あらゆる面で心を配るべきことがある。たとえば烈しい役を演じる場合は、ただ興奮して力ばかり入れるのではなく、冷静さを保って心を柔らかに持つことを忘れてはならない。これは、いかに烈しく演じても、荒っぽい演戯にならない手段である。烈しい役の中に思いがけぬ柔らかな人間性を見出して役づくりをすることは、同時に意外な面白さ、つまり珍しさを生まれさせる原因ともなる。

怒れる風体の時に柔らかな心を忘れるなというのであり、これに続けて、幽玄の物まねを演じる時にも強き理《ことわり》を忘れるなとある。ある一向《ひとむ》きだけを強調したのでは、「花」が花にならないのである。

なお、このあと、演技の心得として「強く体を動かすときは、足の力を抜け。足の動きに力を集中するときは、体の力を抜け」という文がある。これは、応永二十五年（一四一八）六月の日付を持つ通行本「別紙口伝」より四ヵ月早い日付を持つ『花習』に（従って『花鏡』にも）説くところと同じである。しかもこの部分は観世家所蔵の第一次相伝本と思われる本にはないという。「別紙口伝」の流動成長ぶりを知る大事な記述である。

(ヘ)は秘する花である。花というものは秘すればこそ花であって、その美が見る人に強く印象づけられる。つまり「珍しきが花」である。あらかじめここが花であると観客に知られてはいけないことは言うまでもないが、見終ったあとでも、あそこに花があったと感じさせるようではまたいけない。思いがけず面白かった、上手だと感じさせればそれでよい。「これを花ぞとも知らぬが、シテの花」とは、これも言われてみれば何でもないが、なかなか観客の気持をよく捉えた意見である。

続いて(ト)因果の花がある。原因があって結果がある。花が咲くには咲くだけの原因がなければならぬ。稽古を積むことが舞台の花を咲かす因であることは言うまでもないが、その他にその時々の調子・雰囲気の流れを摑むということもよき果を生む大切な因と世阿弥は説いている。よき流れを男時《おどき》、悪い流れを女時《めどき》という。いち早くこれを察知し対応することが、他座との競演の場合などことに重要なことだったのである。

　競演の場合などは、万一自分が女時に遭遇していたならば、最初の間は控えめにして、相手がたの男時が女時に移り変わって、運が向かなくなってきた時分に、勝れた作品を、たたみかけて演ずるのがよいであろう。その時分には、また自分の側に男時が返ってくるころである。この運の向いてきたときに上演した能の出来がよければ、間をあけずに、その日の能の中で眼目となる曲を演ずるべきである。

『風姿花伝』の特色の一つは、それが衆人であると貴人であると、また観客であると他座《ライバル》であるとにかかわらず、常に「他」が意識されていることである。その「他」が後の伝書になるにつれてしだいに貴人にしぼられ、最後には自己自身に向けられるようになるのである。(イ)から(ト)まで説き来たって、最後に(チ)で再び花について総括的に述べるのであるが、そこに出て来る言葉は「されば、この道を極め終りて見れば、花とて別にはなきものなり」という最初の(イ)の中の言葉のくり返しである。しかしこの「別にはなき」花の多様性は『風姿花伝』を読む者なら誰しも感じとることが出来るであろう。年齢に応じた稽古を積み、数多くのレパートリーを持ち、多様な芸風を備え、観客の気も自分の調子も摑み、時分時節を考えて発揮される舞台の美、それが彼の言う花であった。それを心得た上での「花とて別にはなきものなり」だったのである。「たゞ、時に用ゆるをもて、花と知るべし」という含蓄のある言葉で「別紙口伝」は終っている。

三　『花習』以後

『花習』以後の代表作

『風姿花伝』の本篇が成ったと思われる応永七年（一四〇〇）から、二十年近い歳月がたった応永二十五年（一四一八）に『花習』が書かれている。再三言うように『花鏡』の下書きである。従って『花鏡』の大半はもうこの時期に出来上がっていたと考えられるが、『風姿花伝』より後の世阿弥の芸論を見ようとすれば、この『花鏡』を中心に、応永二十七年（一四二〇）の『至花道』、正長元年（一四二八）に禅竹に与えた『拾玉得花《しゅうぎょくとくか》』という三書を見ることによって、大体のところは辿れるであろう。これら以外のものは、作能論としての『三道』とか音曲論である『音曲声出口伝《おんぎょくこわだしくでん》』とか『曲附次第』、座員心得ともいうべき『習道書』という風に、各論的・技術論的なものが多くなる。

右の三書のうち『花鏡』は多年にわたって執筆され、それも大半は応永二十五年段階に出来上がっており、従って原《ウル》『花鏡』（花習）と増補『花鏡』とを区別しながら読む必要があ

〈砧〉　世阿弥晩年の孤高の境を示す。シテ・浦田保親。

りそうだ。また『拾玉得花』は、世阿弥の芸論の一つの到達点を示すものには違いないが、同時により伝統的なものを保ち続けていた金春座の大夫に与えたものであることを忘れてはならない。このようにそれぞれ取り扱いに注意はいるようであるが、何といっても『花伝』に比べると大きな差があることは確かだから、ここでは一応〝『花習』以後〟という名で一括して扱っておくこととする。

だがこの時期における膨大で複雑な世阿弥の芸論を、限られた紙数で論じることは到底不可能である。そこでここでは『風姿花伝』の時代と比較してどういうところが変わって来たか、という観点から、ごく主要な問題について本文（口語訳）を引用しながら簡単に触れておくにとどめたい。

物まねから三体へ

まず第一は、能に登場する人体、つまり演能の基本とすべき人物が、『花伝』の九体からこの時期には老体・女体・軍体の三つにしぼられたことである。世阿弥はこれを舞歌の二曲と合わせて、二曲三体として稽古の基礎においている。つまりこの三体さえ習得すれば、これ以外はすべてその応用だというのである。神能は老体の応用、優雅な人物は女体の応用、動きの多い鬼の類などは軍体の応用というわけである。そして言う。

もしも、なお芸の力量が不足していて、こうした個々の曲趣を生かす芸術的作用が生まれないとしても、基本である二曲三体をさえしっかり体得していたならば、それは、すでに勝れた演者であるといえよう。ゆえに、この二曲三体を正統な芸を確立するための基本とするのである。（至花道）

しかし世阿弥の能に出演する限りでは、確かにこの「三体」で処理出来るであろうが、他の座の人びとはどうであろうか。当時、まだまだ主流を占めていた大和猿楽の「物まね」的能は、これでは処理し切れないものがあったであろう。だが世阿弥の目にはこれ以外の能は入って来なかった。

現在の能の演戯者の稽古を見ると、ほとんどが二曲三体の基本の稽古から入らないで、最初から個々の役づくりのための末梢的な演戯や、異端な風ばかり習うので、主体性のない芸になって、能に安定感がなく見劣りがするから、名声を得る演者がまったくいない状態であるのだ。くれぐれも言っておくが、二曲三体から稽古をはじめず、末梢的な演戯ばかりに心をうばわれることは、基礎的なものを欠いた枝葉末節の稽古である。

(至花道)

「あらゆる物まね、異相の風」から入ることを戒めているのである。実はこの「あらゆる物まね」こそかつて『花伝』の一章をなしたものであったが、今はそれも捨てた。これを三体にしぼったことによって、能は確かに様式化され、同時に人間を本質的に描き得るということで逆に時代を超えて普遍性も持つに至ったであろう。だがこの、写実から写意へという高度な人間描写が、果たして当時の観客に理解されたであろうか。

さすがに応永三十年(一四二三)の『三道』では、老・女・軍体の他に、応用として遊狂・物狂の類と砕動風鬼《さいどうふうき》をあげ、『拾玉得花』でも三体の他に物狂と鬼人体を付け加えている。禅竹への配慮もあったろうが、やはり観客に人気のあった物狂と、民俗的伝統に根ざした鬼の能を無視することが出来なくなったからであろうか。ただこの場合も、鬼といっても砕動風鬼という、形は鬼であっても心は人、つまり執心の凝り固まって鬼になったという種類のものしか認めず、心形ともに鬼という力動風鬼《りきどうふうき》については「当流には然るべからず」とつき放していることは、いかにも世阿弥らしい。これは三体の習得においても、女↓老↓軍の順ですべきだと説いていることに通じる。もうこの段階では幽玄を基調とする方針が確立していたわけで、最も幽玄に近いものから修行を始めてその応用として非幽玄の方向に進む、その非幽玄の限界が砕動風鬼だったのである。

花から幽玄へ

第二に、能の理想美が「花」から「幽玄」に移ったということである。

和歌や連歌のような諸芸道において、幽玄なるものは最高の理想美とされている。わけてもわが能においては、この幽玄の表現を第一と考えるものである。しかし、幽玄の表現はひととおりの程度にはいくらでも現われて、観客ももっぱらその程度のものを幽玄だと思って鑑賞しているわけだが、その実、幽玄な演戯者などというものは容易に存在しないのである。これは、真に幽玄なものの味わいを知らないからであって、したがって幽玄の境地にはいった演戯者はめったにいないのである。(花鏡)

幽玄という言葉は、時代によって多少意味にずれがあり、花が能の外相美を表わしているのに対し、これは内相美を表わしたものであるとか、花は当代的な開放された情念にもとづいたものであるのに対し、幽玄は古典的な閑寂・余情・象徴美だ、といった説明がなされている。ことに室町期――世阿弥の説いた幽玄の中には相当はなやかな要素も含んでいるので、そこには「花」と共通したものがあり、花から幽玄への変化といっても微妙であるが、『花習』以後の伝書も、『至花道』『花鏡』『拾玉得花』と、それぞれに花を標榜《ひょうぼう》しながらも、内部において世阿弥の求めたものが、しだいに非現実的な方向に向いていったということは言えそうである。

一般に幽玄の境地というのは、ほんとうはいかなる境地としてあるべきものであろうか。まず世上の風俗を例にとってひとの身分品格を考察するに、貴人の立居振舞がいかにも上品で、ひとびとの敬慕もなみはずれて高いごようすは、これを幽玄の品格といってよいであろう。だとすれば、こうした貴人が身をもって示される、ひとえに美しく柔和なありさまが幽玄の本質なのである。すなわち、ゆったりと上品にかまえた体つきが、能の演戯に表現された人体の幽玄である。また言葉を優しくして、貴人が日常ならわしとされる言葉づかいをよく研究し、片言隻句にしても口から出るせりふを優雅にするのが、すなわち詞章における幽玄であろう。

有名な『花鏡』の「幽玄之入レ堺事」の一節である。続いて謡の幽玄、舞の幽玄から、三体の幽玄、鬼の幽玄を説き、鬼においても「美しきかゝり」を忘れるな、更に男女僧俗、田夫野人、乞食非人に扮する場合でも、「花の枝を一房づゝかざした」ような心持で演じよ、とある。この辺までは、一方では公家のたたずまいを理想としながらも、一方では花の枝で幽玄を表わそうとしている、花から幽玄への一つの過渡期を示しているとみることが出来よう。

これが『三道』になると、女体の美がもっぱら幽玄で説明されている。そしてその結びに、一忠・観阿弥・道阿弥の名をあげて「是は皆、舞歌幽玄を本風として、三体相応の達人なり」と言い、軍体や砕動風のみに長じた芸人では一時的に名声を得ても、結局は時世の変化によって長続きしない、として、

ほんとうに幽玄の正統的な芸風で最高位をきわめた者は、時世の好みがどうであっても、その舞台効果には何の変わりもないもののように思われる。したがって能を書くにつけても、幽玄の舞台成果をもたらすような素材を本位として書かなければならない。……都会でも田舎でもいちように名をあげた芸人がその実力の証拠として見せるものは、どうやら例外なく幽玄の芸風のほかにはないように思われる。

と述べている。

花という字を書名に冠しながらも、幽玄という言葉で能の美を表わそうとした世阿弥の心の中には、やはり大きな変化があったとみるべきで、現実的なものから古典的なものへ、外相的なものから内面的なものへ、観客を対象とした能から自己をめざした能へという風に捉えることが出来るであろう。そしてそれはそのまま世阿弥における劇的現在能から夢幻能への方向転換につながるのである。

観客を対象とした能からの後退の中で、まず目につくのが田舎の軽視である。確かに『風

姿花伝』でも「愚かなる輩《ともがら》、遠国田舎の賤しき眼」(五)というような言い方はしている。だがそれを承知しながらも、その人たちをいかに喜ばすかということを考えていたのが観阿弥であった。だが世阿弥は違う。そうした『花伝』における配慮は、『花鏡』における「田舎目利き《いなかめき》」という言葉で打ち消される。

(一)「聞《もん》より出来《いでく》る能」聴覚的要素を主たる手がかりとして、感覚的に抑制された効果によって成功する能というのは、開演のときからしみじみとした気分で始まり、すぐに謡が……調子に合って、しっとりと落ち着いた面白さを出すものである。これは主として謡がかもし出す感動であって、また、無上の名人が得意の境地としてつくり出す表現効果である。しかし、このようにして出てくる地味な味わいは、とかく、眼の低い田舎の目利きなどはそれほどとも思わないものである。

(二)最高の上手の演能のなかには、あらゆる演目を習得したのちに、舞も謡もしぐさも筋の面白さも、たいしてない能を演じながら、もの寂《さ》びたなかにどことなくひとの心をうつ魅力があるものである。こういう演能を、また「冷えたる曲」とも呼んでいる。この芸境は、そうとうの鑑賞家にも理解できないものであって、まして田舎目利きなどには思いも寄らない奥深い境地である。

(一)(二)いずれも『花鏡』の中の「比判のこと」からの引用である。

そしてその反対に、内面への凝視はいよいよ深まっていく。これを「離見《りけん》の見」と呼ぶ。

『至花道』や『花鏡』に述べられているところで、演者自身が、自らを離れた位置から自分を眺めることをいう。少し長いが『花鏡』から引用しておこう。

観客によって見られる演者の姿は、演者自身の眼を離れた他人の表象〈離見〉である。いっぽう、演者自身の肉眼が見ているものは、演者ひとりの主観的な表象〈我見〉であって、他人のまなざしをわがものとして見た表象〈離見の見〉ではない。もし他人のまなざしをわがものとして見ることができるならば、そこに見えてくる表象は、演者と観客が同じ心を共有して見た表象だということになる。それができたとき、演者は自分自身の姿を見とどけえたわけであるが、自分自身の姿を見とどけたのであれば、左右前後、四方を見とどけたということになるはずである。しかしながら、人間の肉眼は、目前と左右までは見ることができても、自分の後姿を見とどけたためしはないであろう。だが、能の演者は自分の後姿まで自覚していなければ、思わぬところで表現が通俗になるものである。したがって、われわれは他人のまなざしをわがものとし、観客の眼に映った自分を同じ眼で眺め、肉眼の及ばない身体のすみずみまで見とどけて、五体均衡のとれた優美な舞姿を保たねばならない。これはとりもなおさず、心の眼を背後において自分自身を見つめるということではないのだろうか。

この段階で早くも世阿弥は、田舎・遠国の人はもちろん、都の貴所上方の客までふり捨てようとしたのであろうか。ちなみに、『至花道』『花鏡』の書かれた応永二十年代から三十年

（一四二三）にかけて、時代はすでに将軍義持のもと田楽能全盛期に入っており、観世一座は醍醐清滝宮祭礼への奉仕でわずかに存在を示していた頃であった。

安位→闌位→妙所

第三に、この時期において目につくことは折々規矩《きく》を越えた境地を設定していることである。『至花道』でいう闌位《らんい》、『花鏡』でいう妙所、『拾玉得花』でいう安位というのがそれである。これらが具体的にどういう境地をいうのか、また相互の関係がどうかということについては、いずれも多分に観念的なものだけに明確に把握しがたい。だが、どれもが修行によって到達した一定の段階を更に突き抜けたものということは間違いなく、一応、安位→闌位→妙所という順序で深まっているということになると理解してよかろうか。

この三つの中では闌位の説明が比較的具体的である。

闌《た》けたる位《くらい》の演戯というのは、能の修業を若い時から年寄りになるまで、その年齢に応じてすべてしつくして、正しい技術を集積し、邪道を廃して最高の芸を悟りえた上手の心の働きによって、時たま観せる手法なのである。これは、正統な修業の課程においては、否定してきた邪道な演戯〈非風《ひふう》〉を、正統な演戯〈是風《せふう》〉の中に少しばかり交えて演ずる方法である。……もともと上手な演者の能というのは、……常に善い面ばかりであるために、その善い面も、新鮮な魅力がなくなって、観客の目に新たな感動をあたえなくなる場合がある。そうした時に常識的には否定されるような邪道な演戯を、たまに交えて演ずると、上手の演者の場合には、これが逆に珍しく新鮮な技として生かされる。

これからみても、この位が、規矩の範囲内での最高位の更に上に位置するものであることがわかろう。まさしく闌《た》けたる位で、それだけに初心者が不用意にまねることを世阿弥は戒めている。

闌位と初心段階とは似て非なるところ大であるが、ここで思い合わされるのが『九位』の説である。世阿弥も安位を説いたところでは九位に触れているけれども、九位の最高位である妙花風を極めた者が下三位に下る、というところにこの闌位との関係が考えられるやも知れず、となるとこれも父観阿弥の芸境を念頭においた表現ということになる。

この「九位」の妙花風と妙所とを同一とみる見方もあるが、これはやはり別物と考うべきであろう。『花鏡』には「妙とは〝たへなり〟となり。〝たへなる〟と言つぱ、かたちなき姿なり。かたちなきところ、妙体なり」とある。この記述からみても「九位」の中に位置づけられる妙花風とは違って、妙所は相当に朦朧《もうろう》とした観念であることがわかろう。闌位に達した名人の芸に、時折り意識せずして現われるもの、という説明が最も当を得ていようか。

舞や歌をはじめ演戯のあらゆる領域にこの「妙所」は見いだされるのであろう。ところが、さてそれがどこにあるかというと、はっきりさし示せるかたちでは存在しない。もしここにいう「妙所」を身につけた演者があれば、それは芸の極致をきわめた上手そのものというべきだろう。……いかなる名人といえども、いまこの瞬間に、「妙」の表現をしていると自覚しうるはずはない。自覚しえないからこそ、わざわざそれを（「妙位」と呼ばないで）「妙所」というのであって、少しでも言語で説明できるところがあれば、それは意識や論理を越えた「妙」というものではないはずである。

ここに至って、世阿弥は、是も非も含み込んだ、そして是も非もない境地を設定していたかにみえる。だがそれはあまりにも観念化された世界であり、その能楽論は、いつしか能楽理想の論となってしまった。『風姿花伝』から『花習』への過程で、芸能の道になくてはならない寿福増長も衆人愛敬も捨てた世阿弥は、ここでますます孤立化する。この「妙位」と晩年の思想、特に「却来」との関係はこれから更に検討されねばならないが、こうした境地がすべて逆境時代に確立されたものだけに、そこにはきびしさとともに、よい意味でも悪い意味でもその孤独感を読みとらざるを得ない。

かやうの能の味はひは、末の世に知る人あるまじければ、書きおくも物ぐさき由――〈砧〉を聞きながらふとつぶやいた晩年の世阿弥の姿が、ここでもまた思い出されるのである。

第四章　世阿弥の流れ

一　晩年の世阿弥

能役者としての世阿弥

世阿弥はこのようにして、作能において、また理論家として、他に類を見ない足跡を残しているのであるが、能役者としての評判はどうであったか。残念ながらこれについて書き留めたものはあまり多くない。彼と同時代の田楽能役者、増阿弥が世阿弥の芸風を批評して次のように言ったと『申楽談儀』（序）は記している。

『放生川《ほうじようがわ》』の後シテ登場のサシ謡の冒頭「有難や百王《はくおう》守護の日の光、豊かに照らす天《あめ》が下」のところなど、たっぷりと余情豊かに謡い流すところは犬王そのまま。『蟻通《ありとおし》』の初めから終りまで、全曲喜阿弥ばりの謡いぶり。要所々々を引きしめ引きしめてゆく、曲舞風の演戯は、観阿弥の芸を思わせる――。

また女婿金春禅竹が、五十二歳の時に著わした『歌舞髄脳記』の中でその芸を、

山のはを分て眺むる春の夜も花のゆかりの有明の月
花の香の霞める月にあこがれて夢もさだかに見えぬ頃かな

という藤原定家の歌を添えて、「あけぼのゝ花に、月の残れるが如し」と言っている。観阿弥については「山河を崩す勢あり」「名木の花のさかりを見るが如し」と評しているのと比べてみると、はなやかさを保ちながらもおぼろの美とでもいったところを持つ芸風だったらしい。

また連歌師心敬《しんけい》（一四〇六—一四七五）の晩年の書『ひとりごと』に、

猿楽にも、世阿弥と言へる者、世に無双不思議の事にて、色々さまぐ〵の能共作り置き侍り。今の世の最一の上手と言へる音阿弥、神変不思議の達者の上、不断御前に伺公仕るにより、一座いづれもおろかなる者なかりし。今春《こんぱる》なども、世阿弥が門流を学び侍り。

とある。心敬は応永十三年（一四〇六）の生まれで年少にして仏門修行に入ったのであるから、世阿弥の芸を十分に自分の目で見ていたかどうかはわからない。だが、当時世阿弥が音阿弥・禅竹の一時代前の大きな存在とされていたことはこの書から十分察せられるところである。

ところで先頃世阿弥が小男であったという注目すべき資料が森末義彰氏によって紹介された。桃源瑞仙（一四三〇—一四八九）という有名な五山の学僧があるが、その著『史記抄』

（十六）の中に次のような記事が載っている。文明の頃瑞仙が、近江国永源寺の塔頭《たっちゅう》曹源寺で蔵室密公という老僧に出逢った。その日同じ近江の百済寺で催された観世十郎（元雅の遺子らしい）の能のことから、話題はその祖父世阿弥のことに及んだ。蔵室密公はかつて東福寺の不二《ふに》道人《どうにん》岐陽方秀《きようほうしゅう》（一三六一―一四二四）のもとで世阿弥とともに禅を学んだ人である。されば親しく世阿弥に接したこの老人の談話は相当信用してよいと思われるのであるが、『史記抄』には、

翁（蔵室）曰ク、世阿躬《ミノタケ》長短少、起座足蹈節ヲナス。蓋シ其ノ技能習熟ノシカラシムル所也。常ニ不二師ノ座上ニ在リ、笑談シ且ツ禅寂ノ一噱《イチキャク》（滑稽）ヲ供ス。

とある。観阿弥は大男であったが、世阿弥の方は小男であった。しかし磨けるかぎり技を磨き、立居におのずから節《リズム》があったというのであろうか。世阿弥が父と自分を比較して、人は気がつかないが「我は足きゝたるによつて劣りたるなり」（談儀・別本聞書）と語ったことを裏書きするような記事である。彼が夢幻能の世界を開拓し、女体に及んで幽玄の能を樹立したというのも、あるいは彼の、父に比べて舞台栄えのしない肉体的条件と関係があるのかも知れない。

さて応永七年（一四〇〇）に書き始められた『風姿花伝』から、永享五年（一四三三）に成った『却来花《きゃくらいか》』に至る間に、世阿弥の理論はしだいに深められ、研ぎ澄まされて来る。それはちょうど実作においても〈砧〉について自らの孤高を嘆いたのと同じ、独り往く芸術家

補巌寺　奈良県田原本町味間。

のきびしさと寂しさを示すものであった。世阿弥は三十代の明徳から応永初年にかけての頃、その菩提寺、大和の補巌寺《ふがんじ》の竹窓智《ちくそうち》厳《ごん》（？—一四二三）に学んで曹洞禅に親しんだようである。先ほどの蔵室密公の話から推定すれば、応永二十年代には今度は臨済の岐陽方秀に侍したらしいが、いずれにしてもこの禅への帰依は、理論の面でも、生き方の面でも世阿弥に大きな影響を与えたことと思われる。「却来」もその一つであるが、これについてはまた後で述べることにしよう。

第二次苦境時代

正長元年（応永三十五年　一四二八）、足利義持が没し、将軍職は弟の青蓮院門跡義円が継いで、ここに世阿弥の第二次苦境時代が始まる。義円は五代将軍義教のことであるが、これは黒衣宰相と呼ばれた満済准后らによって、四人の候補者の中からくじによって選ばれたものであった。義教の登場はこのように最初から波乱含みの兆しをみせていた。この義教の将軍就任以来、世阿弥の甥、三郎元重、つまり音阿弥の活躍が目立つようになる。すでに応永三十四年（一四二七）四月、三十歳の音阿弥は稲荷のあたりで勧進猿楽を催しているが、これを後援したのが当時まだ青蓮院にいた義教であった。このように義教と音阿弥とは、互いに世に出る前から親しい結び付きがあったのである。音阿弥という人は、世阿弥と違って筆も立たず、また理論家でもなかった。彼の手になる作品は一つも残っていないようであるし、作ったという確実な記録もない。だがそれだけに演技派であり、舞台における芸風は、明快ではなやかなものであったらしい。その一代の晴れの場であった寛正五年（一四六四）の糺河原《ただすがわら》勧進猿楽や、その翌年の仙洞猿楽において、七十近い老齢でありながら、〈実盛〉や〈砧〉を演じる一方、〈自然居士〉〈放下僧〉〈壇風《だんぷう》〉のような劇的・大衆的能を演じているところに彼の芸風が窺えよう。さればこそ心敬も「神変不思議の達者」と書き留めたのである。また「不断御前に伺公」とあるところに、その義教の寵愛のほどが知られる。こうした明快さ、はなやかさが気に入られたのであろう。また互いに主流から疎外されたような存在であったことが、この両者を近付けたのかも知れない。

義教が世に出ると同時に、俄然、音阿弥が脚光を浴び始める。正長元年（一四二八）四月室町殿における演能、同七月十二座《じゅうにざ》の五郎とともにこれまた室町殿演能、翌永享元年（正長二年　一四二九）一月、仙洞御所演能、むろん義教も同座見物している、という風に晴れの場の演能はもっぱら音阿弥のものとなる。一方世阿弥はこの間、正長元年（応永三十五年一四二八）三月と六月、『六義』と『拾玉得花』を書いて金春氏信、後の禅竹に相伝している。禅竹はこの年二十四歳、思うにこの少し前くらいに世阿弥の女《むすめ》と結婚したのであろう。観世大夫の十郎元雅はと言えば、この間醍醐の演能や興福寺薪能といった寺社猿楽にしか出演していない。そして正長の室町御所演能の禄物が五万疋、醍醐清滝の禄物が、門跡から下る特別の謝礼を合わせて五千疋であった。これはそのまま、この当時の音阿弥と元雅の勢力の相違につながるものであったろう。

十二五郎の手紙

右の正長元年(一四二八)七月の室町殿演能で、音阿弥と一座した十二五郎という能役者がいた。十二座という大和における能の一座の役者で、その名を康次という。応永十九年(一四一二)五月、四条河原で勧進猿楽も営んでいるが、適宜観世座や宝生座と合同して演能していることが多い。おそらく前座を勤めたり、ワキを演じたりしたのであろう。この康次はもともと鬼の能を得意とし、この正長の能でも七十六歳の身で「若者ノ如クヽロイ能」を演じ、人びとを驚かせたと伝えられている。クロイ能とはおそらく狂い能の誤りで、これは物狂能ではなく、はでに荒れ狂う能で、鬼の能などはまさしくこの狂い能であった。

ところでこの十二五郎は、もともと世阿弥に引きたてられた人のようである。大変律儀《りちぎ》な人であったらしく、この室町御所での演能で我が技芸を賞美されたのも、長年世阿弥の庇護を受けたおかげだと、人に代筆してもらってまで世阿弥に礼状を差し出している。

久しくお目にかかりません。おなつかしく存じます。このたび、ゆるりとお目にかかってくわしく申しあげたいことがありまして、二度ばかり参上いたしましたが、折あしく御外出のときでしたので、お目にかかることができず、たいへん残念に存じます。実は、このたび召されて上京いたしました。当年の参上につきましては、私もいよいよ年老いてしまいましたので、その点からも遠慮すべきでありました。その旨を申しあげもしましたが、ぜひ出演せよとの御上意なので、いたしかたなく参上しまして、何度か能を演じました。将軍の御機嫌や人々の評判も悪くはありませんでしたことは、まことに老の面目でございます。また、このことにつきお話し申しあげたいことがあります。それは、このように老年に及びましてもなお、将軍をはじめ多くの貴人がたから悪くない待遇を受けますのも、みなあなたの御助力のお蔭であります。——

この康次は世阿弥の忠告により、鬼の能に開眼した人であり、また世阿弥もこの人のために幾つかの能を書きおろしてやったのであった。そうしたことに対する感謝の気持がこの手紙となったのである。

もとより私は片仮名をも書くことはできません。まして手紙などなおさらのことですので、代筆させせました。私の言葉どおりには、書けていないでしょう。参上いたしましまして親しくお話し申しあげたくは存じますが、これでお暇いたします。長々と在京しているわけにもいかず、今夜中に出発いたしますので、この手紙をお預け申しておきます。もし、あなたが大和へお下りになる機会がございましたなら、そのときにお目にかかり、くわしく申しあげたいと思います。お目にかかる機会をお待ちしております。恐々謹言。

八月四日

康次判

まことに真情溢れる書状と言える。しかしこれほど世阿弥を徳としている人が、なぜ世阿弥と別れて音阿弥と一座し室町御所演能に参加したか。やはり世阿弥一座の演能が夢幻能的なものが多くなって来たことと関係があるのではないか。つまり、十二康次は群小の一座だけに大和猿楽本来の、劇的な能や民俗信仰につながる鬼神系の能をもっぱら演じていたのであろう。従って世阿弥とはしだいに一座しがたくなって来ており、逆に芸風のよく似た音阿弥とは同座する機会が増えたことと思われる。昔気質《かたぎ》で律儀一方な康次としては、世阿弥に対して申訳ない気持が、この手紙を書かせたとみることが出来るであろう。こうした十二康次の動向一つを通しても、しだいに孤立していく世阿弥の姿が浮き上がって来るようである。

一座の危機

越えて永享元年（正長二年　一四二九）五月三日、室町御所笠懸の馬場で催された多武峰《とうのみね》様《よう》猿楽では、珍しく十郎元雅と三郎元重（音阿弥）、宝生大夫・十二五郎が共演し、元雅と音阿弥は〈一谷先陣〉という能を演じた。多武峰様猿楽とは馬に乗り実の甲冑を着けて演じる、野外ページェント式の能であるが、この日のことを『満済准后日記』に「観世大夫両座。一手、宝生大夫・十二五郎一手ニテ、立合申楽在レ之」と記されていることは、前にも述べたところである。今や音阿弥の一座は、世阿弥・元雅らの本家の座と並べて観世両座と呼べるほど、強大なものになっていたのであった。

この多武峰様猿楽の十日後の十三日、突如として世阿弥父子は義教によって仙洞御所出入りを差し止められる。満済もふびんに思い、一応のとりなしはしているが効果はなかったらしい。先日の多武峰様猿楽で元雅の評判がよかったので、音阿弥びいきの義教が腹いせのためにこういう処置をとったのだろうとか、後小松院から「観世」の芸を見たいという申し出のあったのを、義教は音阿弥のことだと思い込んでいたら、実は世阿弥父子のことであったので立腹したのだろうかとか、いろいろ推測されているが真相は明らかでない。だが何としても義教が世阿弥を嫌い抜いていたことは確かで、この翌年の永享二年（一四三〇）には一月の仙洞御所演能に続いて、由緒ある二月の興福寺薪能にも、四月の醍醐清滝宮の猿楽能にも音阿弥が出演している。このあたりから都における世阿弥父子の演能の記録は影をひそめ、永享三年、四年、五年と、将軍院参時の仙洞御所猿楽は常に音阿弥の出演によるものであり、諸記録もこれを「御佳例」「近年例」と記しているが、この時期には単に「観世」と言えば音阿弥を指すまでになってしまったのであった。

この間、世阿弥は永享二年三月『習道書』をまとめている。薪能の出場権を音阿弥に奪われた直後である。これまでの伝書が、元雅であるとか元能・禅竹であるとか、特定の個人に宛てたものであるのに対して、この書は内容も猿楽のシテの役割についての心得を冒頭に、ワキ方、囃子方、狂言方の心構えを次々と述べ、奥書も「座中連人ノ為ニ書ス」とあるように、これは観世座に属する役者全員のために記されたものなのである。つまり、この時点において一同に座の危機感を訴え、それを乗り切るためにはシテを中心に一座全員その分《ぶ》を尽くして努力する他はないことを訴えたのである。だが裏返して言えば、このような訴えがなされねばならぬほど、観世本座は動揺していたということも考えられよう。次男の元能がこの半年後『中楽談儀』を残して出家したのも、その表われとみられる。

次男元能の出家

世阿弥の次男、七郎次郎元能については詳しい経歴はわからない。凡庸の人であったとする見方もあるが、父から作能の法を記した『三道』を譲られたことからしても、また父の芸談を筆録した『中楽談儀』三十一ヵ条をまとめたことからしても、決して才能のなかった人とは思えない。だがともかく元能は、永享二年（一四三〇）十一月十一日、

棄レ恩入ニ無為一直実報レ恩者

たちかへり法《のり》の御親の守りともひくべき道ぞ堰きなとゞめそ

やがては親の後世をも守ることになると固く信じて、芸道を捨てて仏道に入ります、どう

か引きとめて下さいますな、という和歌を残して世阿弥の前から消えてしまった（後、元雅の遺児を守って再び能の道へ戻ったとみる説もあるが明らかでない）。何としてもこれはこの一座にとって一大事であった。この月、元能の兄十郎元雅が、大和国吉野の奥、天川村大字坪内の天河社に「心中祈願」の能を奉納しているのは元能の隠退と無関係ではあるまい。

天川は吉野川沿いの下市からでも、笠木峠、川合を経て三十キロのところにある村で、そこに鎮座する弁才天社が天河社である。それは南北朝の頃兵火にかかったのを足利義満が再興して間もない頃のことであった。元雅がここへ入ったのは、義満ゆかりの社ということか、それとも後南朝との関係か、高野への道の途中である故か。あれこれ想像は巡らされるが、いずれにしてもこの時の元雅の心中は十分に察することが出来よう。今、天河社にはこの時の元雅の奉納した尉面が残されており、その裏面には、

唐船
奉寄進
弁才天女御宝前
允《じょう》之面一面心中所願
成就円満也
永享二年十一月　日
観世十郎　敬白

と記されている。この日舞った〈唐船《とうせん》〉という曲は、日本に流浪する唐人祖慶官人《そけいかんにん》の、故郷を思う気持をテーマにした能であって、

〽二人の子供なかりせば。老木の枝は雪折れて、此身の果てはいかならん。……いざや家路に帰らん、いざや家路に帰らん。

というあたり、子に去られた父世阿弥と、都の芸能市場を失った元雅の心境を合わせたものとも言えようし、最後に祖慶官人が子供とうちつれ唐に帰って行く結末に、我が身の将来を念ずる気持も籠められているかと思われる。

長男元雅の客死

だがこの元雅の心中の所願も、結局ははかない望みでしかなく、それから二年後、永享四年(一四三二)一月、細川奥州の家臣が素人猿楽を演じた際、世阿弥・元雅が召されて一番ずつの能を演じたという、『満済准后日記』の記事をこの前後における唯一の記録として、元雅は同年八月一日伊勢安濃津で客死してしまうのであった。これも都での演能が不可能になったため地方巡業に出た旅先でのことと思われるが、その行く先に、南朝方北畠氏の勢力地であった伊勢を選んだということも、あるいは先の吉野山中天川入りの事実と結び付けることが出来るかも知れない。

この元雅という人は、父世阿弥から「子ながらも、類なき達人」「祖父にも越えたる堪

能」という賛辞を与えられた人である。その作品〈隅田川〉〈弱法師《よろぼし》〉〈盛久〉〈歌占《うたうら》〉等をみても、いずれも名作と称し得るものであり、夢幻能よりも現在能的傾向の強いところは、むしろ祖父観阿弥に近いということが出来よう。〈歌占〉は世阿弥以後のものとしては珍しく憑き物による物狂を見せているが、この中の「地獄の曲舞」の部分は、祖父の得意とした〈百万〉から流用したものである（現在の〈百万〉にはこの部分は省かれている）。多分に伝統的なものを踏まえた作風であったことがわかるが、一方〈隅田川〉においては、それまでの狂女物の類型を見事に破っているのである。

　母親が失った子を捜し求めて狂乱して歩く話は、他にも〈三井寺〉〈桜川〉等があり、父が子に、家来が主君にというものまで加えれば更に例は多くなる。だがそれらはいずれも最後には両者再会し、「かくて伴ひたちかへり、親子の契り尽きせずも、富貴の家となりにけり……」といったハッピー・エンド形式で終っているのが常である。ところが〈隅田川〉はそうではなく、母が我が子の行方を知った時にはその子はすでに死んでいたという、悲劇的結末をとっているところに大きな違いがある。

　これは能において「芸能性」を重んじるか、「文芸性」を重んじるかという重大な問題につながる。無論当時としては前者が普通で、〈三井寺〉の類はストーリーそのものは悲劇的であっても、結末の部分はそれとは別に、その場にいる人びとを祝福する芸能としての性格を強く打ち出しているのである。つまり「富貴の家となりにけり」は作中の人物の身の上ばかりでなく、その場に居合わす観客すべてのことにおき換えられるように作られているのであって、そうしたところに能が一座寿福の芸能であった名残がある。世阿弥といえども〈桜川〉〈柏崎〉においてこの方式に従っているし、元雅も〈弱法師〉では同様世間の常識に従っている。

ところが〈隅田川〉はそうではない。ここでは観客に救いがない。もちろん祝福もない。だが引き起こす感動は、あらゆる狂女物の中で第一であろう。どちらかと言えば祖父観阿弥的な大衆的芸風を志向した元雅にして、こうした悲劇性――文芸性を貫いた作品を残しているところに、彼が一流の見識を持った能楽人であったことがわかるであろう。

この元雅が四十に満たずしてなくなったのである。この時の世阿弥の嘆きは『夢跡一紙』と題する文に吐露されている。

道の秘伝奥儀、ことごとく記し伝へつる数々、一炊の夢となりて、無主無益の塵煙となさんのみなり。今は、残しても誰が為の益かあらむ。「君ならで誰にか見せん梅の花」と詠ぜし心、まことなるかな。しかれども、道の破滅の時節到来し、よしなき老命残つて、目前の境界に、かかる折節を見ること、悲しむに堪へず、あはれなるかな。

と記し、

思ひきや身は埋れ木の残る世に盛りの花の跡を見んとは

と詠じているが、「埋れ木」と言い「花」と言ったところで、その昔、少年世阿弥に賛辞を寄せた老良基の心境に思いを馳せると、何か歴史の巡り合わせのようなものを感ぜざるを得ない。しかも元雅を「祖父にも越えたる堪能」と評した世阿弥の心中には、彼を単なる自分の祖述者として考えるだけでなく、老来自分の中に起こった観阿弥への回帰を成就してくれる人として元雅を考えていたのではないだろうか。『風姿花伝』以後顧みなかった「田舎・遠国」での我が子元雅の死は、世阿弥に何を考えさせたであろうか。

「却来」という境地

ところで、「道の秘伝奥儀、ことごとく記し伝へ」（夢跡一紙）たという元雅にも、一つだけ口伝でしか伝えていない境地があった。それを書き残したものが永享五年（一四三三）の『却来花《きゃくらいか》』である。却来とはもともと禅の用語で、悟りに達した人がすべてを放下して最初の自分にたち戻ることをいう。能役者もそのようであれというのである。もっとも、この書は「却来」という境地があるという指摘だけで、具体的な説明はない。それだけにいろいろな考え方が可能なのである。

これがかつての「九位」、すなわち中初、上中を通過して後、下に降るということだとすれば、その具体的認識を父観阿弥に見出していたのであるから、世阿弥としては意識しないまでも実は古くから抱いていたことになる。一方、「安位」「闌位」や「妙所」に達することを却来と考えることも出来るし、またこの文の中で、晩年の元雅は、「無用のことをせぬ由、申し」ていたと記し、これこそ能における悟りだと述べているが、これを却来の境地とみることも出来る。無用のことをせぬとは、しなくても済むことはしない、の意であり、『花伝』にいう「せぬならでは手だてあるまじ」を積極的に身につけた「せぬならでは手立てなき程の大事を、老後にせんこと初心にてはなしや」という『花鏡』の文にも通じるものである。以上のいずれに当たるにせよ、『九位』や『花鏡』を相伝された者ならおのずと理解出来る境地のはずであるが、元雅を失った今としては、やはり却来のことはちょっとでも、それを書き残しておきたかったのであろう。

元雅の死によって局面は更に展開する。観世大夫は当然分家の音阿弥のところへ移らざるを得ない。元雅に子供はいたが当時まだ幼少、次男の元能はすでに隠遁《いんとん》している。世阿弥の気持がどうあろうと、次の大夫が音阿弥以外にないということは衆目のみるところであった。永享五年（一四三三）四月十七日、醍醐清滝宮の演能を記した『満済准后日記』に「観世大夫」の名が見える。これが音阿弥のことを大夫と記したものの最初である。続いて同二十一日、二十三日、二十七日の三日間、有名な第一回の糺河原《ただすがわら》勧進猿楽が挙行された。名目は祇園塔修復のためとなっているが、実際は音阿弥の観世大夫就任披露の意味が大きかったであろう。この一代の盛事を世阿弥はどんな目で眺めたであろう。

だが世阿弥の受けた打撃はこれでは終らなかった。その翌年五月、七十二歳の世阿弥は佐渡へ配流《はいる》されることになる。これが何の罪によるかは明らかでなく、またしてもここで後南朝との関係が持ち出されもするのである。が、それよりは音阿弥の大夫就任に伴い、世阿弥のもとにあった芸道上の秘事伝書について義教からそれを新大夫に譲るよう命令されたのを拒否したからであろうという説が最も的を射ているのではあるまいか。世阿弥としてはこの時点においては、甥の音阿弥よりも座こそ違え女婿金春禅竹の方が芸の上でも近い存在であった。当時の音阿弥がどのような能楽観を持っていたかは今日では知る由もないが、世阿弥の目からみればおそらくは自分とは次元を異にする、金剛や宮増と変わらない「田舎の風体」に毛の生えた程度の芸としか映らなかったのであろう。ともあれ音阿弥の流れを汲む現観世家には世阿弥の伝書というのはほとんど伝わらず、金春家の方にそれが多く伝えられたという事実をみても、世阿弥はかつて弟四郎に伝えたもの以外、ついに音阿弥には伝書は譲らなかったものと思われる。

世阿弥の佐渡の様子は、彼が佐渡で作った『金島書』と題する小謡集と、女婿禅竹に与えた書状から概略を察することが出来る。永享六年（一四三四）五月四日都を出て、若狭の小浜から舟出し、能登を沖合から眺めつつ佐渡に向かった。この間のことはその中の〈若州〉〈海路〉という二つの作から察せられる。二十日ほどの旅で佐渡国多田《おおだ》（現太田）に着いている。以下同じく〈配所〉〈時鳥〉によれば、ここで一泊し、翌朝山路を分けて雑太郡しんほという̀ところに到着。国の守の代官が受け取って、満福寺という小寺に入った。正安の昔、佐渡に流された京極為兼《きょうごくためかね》（一二五四―一三三二）の配所の近くであった。

三ヵ月程して合戦が起こったために泉というところに移っているが、このしんほ・満福寺・泉の三ヵ所がどこであるかについては、旧金井村新保《シンポ》、同泉という説が従来行なわれており、泉にある正法寺の境内には世阿弥の腰掛石なるものもある。だが近年旧新穂《ニイホ》村をしんほ̀に、また真野川一帯を昔泉村と言ったらしいということで、ここを泉に擬する説も出ている。まんふく寺という寺も新保と新穂と両方に存在したらしいので、これらを勘案しながら正しく擬定するのはいささか困難であるが、ともかくこの地で世阿弥は何年かの年月を送った。

『金島書』に含まれる〈若州〉〈海路〉〈配所〉〈時鳥〉〈泉〉〈十社〉〈北山〉、それに無題のものを合わせて、全八篇の小謡は、一度に成ったものか間を隔てて成ったものか、また佐渡で作られたものか帰洛してから流謫《るたく》時代を回想して作られたものかはよくわからないが、今残るものは巻末に永享八年（一四三六）二月の日付が入っており、全篇名文と言ってよく、世阿弥の創作力はここに及んでもいささかの衰えもなかったことがわかる。

〽神のまにまに詣で来て、歩みを運ぶ宮めぐり。げにや和光同塵は、げにや和光同塵は、結縁の御初め、八相成道は、利物《りもつ》の終りなるべしや。まこと秋津洲のうちこそ、御代の光や玉垣の、国豊かにて久年《きうねん》を楽しむ、民の時代《ときよ》とて、げに九つの春久《ひさ》に、十の社は曇りなや、十の社は曇りなや。

これは〈十社〉の一節であるが、今、新穂の牛尾神社に伝わる祇園踊に、

〽ここは祇園の神祭り、袖をつらねて宮めぐり

とか、

〽神にあゆみを運ぶなる、花をかざしてうちかざし、日も入相になりぬれば、いざや帰らん宿々へ

といった部分的に似通った歌詞がみられるし、「砧踊」という踊も伝わり、その他ここには『閑吟集』や狂言の歌謡の類歌が多く神事歌として謡われている。これをそのまま世阿弥と結び付けてよいかどうかは速断をはばかるけれども、ちょっと面白い事実として報告しておく。

佐渡よりの書状

今一つ佐渡時代の世阿弥の消息を物語るものに、佐渡から金春禅竹に与えた書状がある。これは「六月八日」という日付だけで何年のものであるかわからないのが残念であるが、内容は禅竹からの手紙に対する返事であるから、世阿弥が佐渡に到着した直後の六月八日ということは考えられず、永享七年（一四三五）以降のものであることは確かであろう。これによると都にとり残された世阿弥の老妻、つまり禅竹の妻の母、寿椿は禅竹がひき取っていた

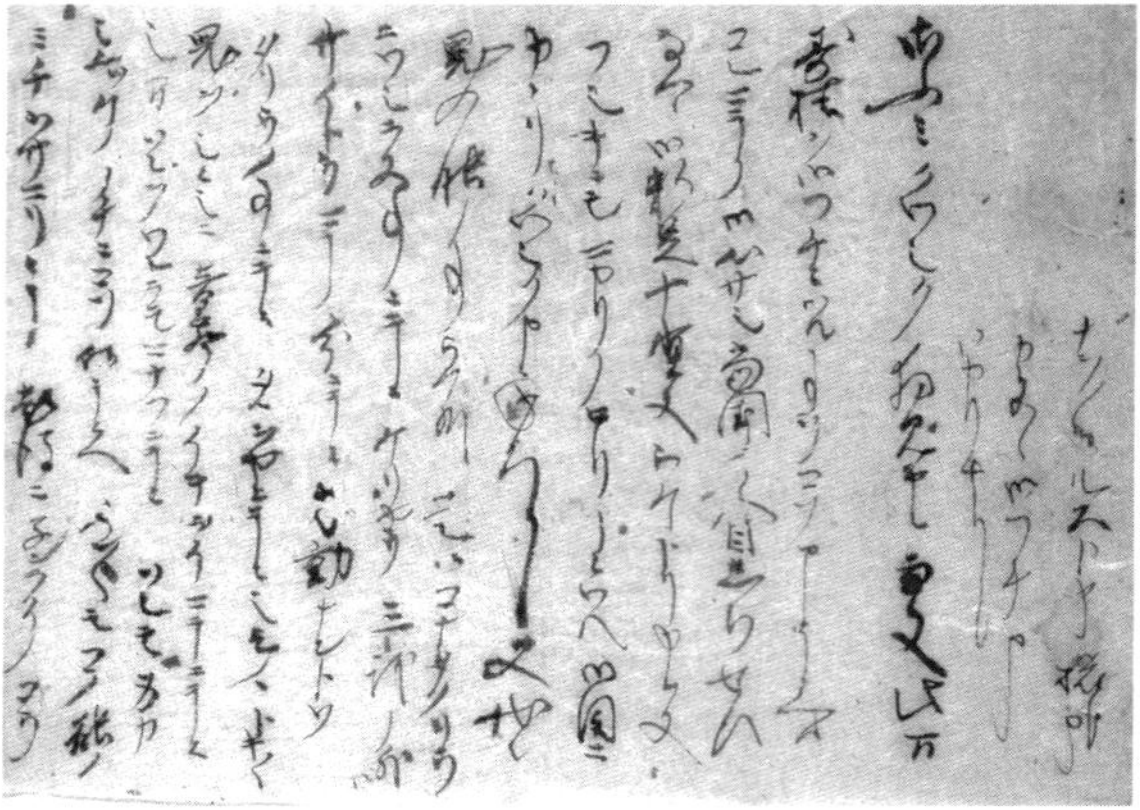

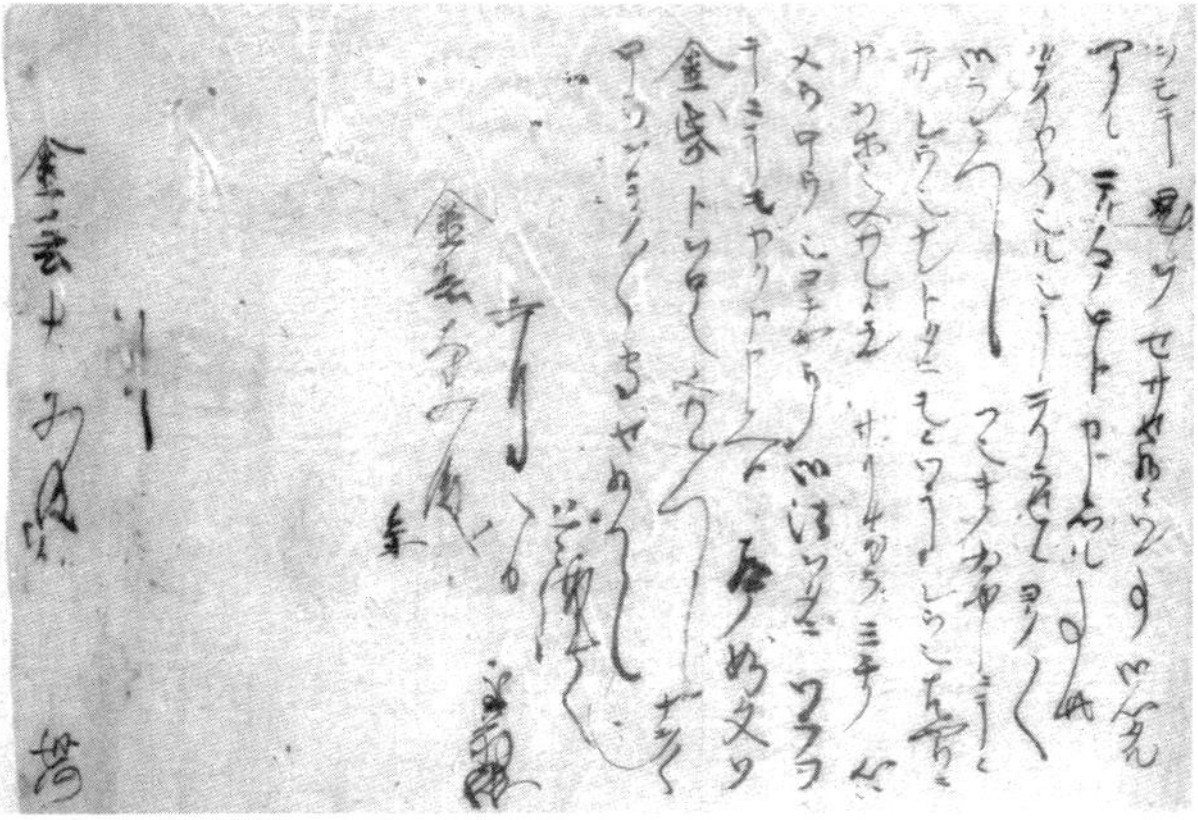

世阿弥が金春禅竹に宛てた佐渡よりの書状。寶山寺　資料室所蔵

らしいし、また世阿弥のところへ仕送りなどもしていたようである。

御文詳しく拝見申し候。兼ねてまた、此間寿椿を御扶持候ひつることをこそ申して候へば、これまでの御志、当国の人目じち（ママ）、是非なく候。御料足十貫文受取り申し候。また不思議にもまかり上り候はば、御目にかかり、詳しく申し承り候べく候。

世阿弥と禅竹の関係は縁組以来特に親しく、『六義』『拾玉得花《しゆうぎよくとくか》』を相伝しているし、また義兄元雅も自分に伝えられたと思われる『花鏡』を特に禅竹には一見させたらしいから、世阿弥一家としてはこの若い金春大夫に相当な期待を寄せていたと思われる。禅竹も世阿弥を親とも思い、いろいろと指導を仰いでいた事実が「きやよりの書状」と呼ばれる今一通の書簡からも察せられるのであるが、この「佐渡よりの書状」によれば、遠く海を隔てた佐渡まで、鬼の能について質問を寄せていたことがわかる。それについての世阿弥の返事はこうである。

また、状に鬼の能のこと承り候。これはこなたの流には知らぬことにて候。仮令《けりやう》、三体の他は砕動までの分にて候。力動なんどは他流のことにて候。たゞ親にて候ひし者、時々鬼をし候ひしに、音声の勢までにて候ひし間、それを我らも学ぶにて候。それも身が出家の後にこそ仕りて候へ。かへすぐ〵もこの能の道修まり候て、老後に年来の功を以て鬼をせさせ給ひ候はんこと、御心たるべく候。

金春禅竹と鬼の能

鬼の能――それは大和猿楽の言わばお家芸であった。十二五郎の例を引くまでもなく、古く観阿弥が自らの師とした田楽の一忠、金春の毘沙王光太郎、金剛権守《ごんのかみ》、いずれも鬼を得意としたとある。ことに民俗信仰とのかかわりから言っても、この鬼の能は人びとが深い関心を持ったところであった。しかし世阿弥の能楽観とこれが相容れないものとなっていたことは、これまで述べて来た通りである。「こなたの流には知らぬことにて候」という強い語気がそれを物語る。

しかし我が道を行った世阿弥とは違って、金春座の責任者としての立場を負った禅竹としては、自分の芸を見てくれる大和の観客の間に、根強く残る鬼の能についての関心を、無視することは出来なかったのであろう。まして三十歳の青年大夫である。はなやかに舞台をいろどる鬼の狂い能に対し食指は動いたと思われる。そこでかつて『拾玉得花《しゅうぎょくとくか》』で戒められたにもかかわらず、はるばる佐渡へ再度の質問とはなったのであろう。

世阿弥のそれに対しての答えは、『拾玉得花』と少しも変わらない。そもそも自分の能は老体・女体・軍体の三体を基本とし、その範囲で処理するのがたてまえで、それからはみ出すとしても物狂・砕動風の鬼までである。力動風の鬼というものは我が流儀には許されないのだ。「力動なんどは他流のことにて候」。かねて教えておいたのを忘れたのか、と言わんばかりの調子である。

〈葵上〉　人間の妄執の化して鬼となった例。シテ・上野朝彦。

前にも述べたように、同じく能の鬼と言っても砕動風鬼《さいどうふうき》と力動風鬼《りきどうふうき》がある。砕動風とは形は鬼であるが心は人、力動風とは形心ともに鬼という違いがある。世阿弥が鬼を砕動に限ったのは、鬼というものを人間の執心によって生ずるものと解したところによる。女御に恋して許されなかった庭番の老人の執心が化した鬼を描く〈恋重荷《こいのおもに》〉、御息所が嫉妬のあまり般若の姿で生霊となってとり憑く〈葵上〉、これらはすべて世阿弥の想念の中にあった鬼であった。当時喜ばれた冥途の鬼、鬼やらいの鬼などと違って、そのまま現在にも通用する、非常に高度な鬼の形象化である。

だが一般の観客は、この砕動風鬼を鬼と考えていたかどうか。彼らの理解はやはり蓬萊島の鬼であり、地獄の鬼であった。心も形も恐ろしい、自分たちの信仰の上にある異境の鬼であったろう。こうした一般の好みと、強い世阿弥の主張の間に悩む禅竹の微妙な立場が思いやられる。

それに対して世阿弥は更に続ける。自分の父観阿弥も力動風な鬼を演じはした。ただそれは謡で鬼の強さを示すという程度だった。自分も演じた。だがそれも六十を越してからである。だからお前も十分修行を励み、基礎が固まり年来の功を積んだ後に、力動風の鬼をやるように心掛けよ、とある。禅竹の立場を考えて一徹な気持を軟化させたようにもみえるが、老いて力動鬼を演ずる——これも一種の却来なのかも知れない。

禅竹はこれまでの研究では、理論の面でも実作の面でも世阿弥の祖述者とみられて来た。だが彼の芸論・作品の中にみられる鬼の能の重視をみると、世阿弥と違って大衆的観客のことを常に考えなければならなかった禅竹の立場がわかるように思える。

最晩年

佐渡配流以後の世阿弥の動静は、確かなことはわからない。許されて都へ戻ったのか、戻ったとしたらいつのことか、またいつなくなったのか、そうしたことは一切不明である。なお永享九年（一四三七）八月、七十五歳の時に禅竹が『花鏡』を書写している。ながらく金春家に伝えられたこの本は、奥書に「貫氏」という人がたまたまこの『花鏡』を得て喜んでこれを写しとった旨が記されているが、この貫氏は筆跡からみて禅竹のことであろうとされている。ただ、この『花鏡』が世阿弥から正式に相伝されたものかどうかは、明らかでないし、まして佐渡から贈られたものかどうかも不明である。

嘉吉元年（一四四一）六月将軍義教が赤松満祐によって暗殺された。いわゆる嘉吉《かきつ》の乱である。世阿弥が許されて帰還したとすれば、あるいはこのことと関係があるかも知れない。そうだとすればこの年すでに七十九歳、まさに「不思議にもまかり上」れた身の上であった。

このように佐渡配流をめぐって世阿弥の事蹟は、確実なものは彼自身の作品・書状以外には都にも佐渡にも何一つそれを知る手がかりは残っていない。その点同じように流されたと言っても、順徳院はもちろん、京極為兼や日蓮とは対照的で、当時の猿楽者の地位の低さをまざまざと感じさせるが、それと同時にこれは世阿弥という人が当時においてもすでに過去の人になり切っていたことの表われでもあるだろう。

帰還したとしてそのあとはどうであったか。女婿禅竹のところで老妻とともに余生を送ったとみるのが最も自然であろう。もはや芸論を成すこともなく、まして演能もあるはずがなく、ひっそりと消えていったのであろう。没年については、音阿弥の子、観世小次郎信光についてて記した相国寺の僧宜竹の画賛に、その先祖のことを述べて世阿弥に触れ、結崎（観阿弥）ニ好男有リ、所謂《イワユル》世阿弥也、鹿苑相公（義満）愛幸スル所也、世阿年八十一、普広相公（義教）ノ時ニ至リ、其伎朝野称ス。

とあるのに従う他はなく、生まれを貞治二年（一三六三）とすれば、八十一歳は嘉吉三年（一四四三）に当たる。

ただ忌日だけは先年明らかになった。奈良県田原本町味間《あじま》に補巌寺《ふがんじ》という寺がある。この寺の名は「きやよりの書状」にも出ていて、その二代目所住の竹窓智厳禅師には世阿弥も早くから帰依《きえ》していたようである。ところが、昭和三十三年（一九五八）から三十七年（一九六二）にかけて、この寺を調査した香西精《こうさいつとむ》・表章《おもてあきら》両氏によって寺の納帳の中に、至翁禅門・寿椿という名が見出され、至翁の条にはその名で田一段を寄進し、八月八日に永代供養を営むことが記されていることが報告されるに至った。至翁とは『夢跡一紙』や「佐渡よりの書状」に見られる世阿弥晩年の法名であり、寿椿はその妻の名である。そうなれば、この八月八日が世阿弥の死んだ日であることはほぼ間違いあるまい。没後五百年を経てその忌日が判明するというのは、まさに奇蹟という他はない。

二　能の流れ

観世小次郎の活躍

世阿弥がこの世を去ったと思われる嘉吉三年（一四四三）には、観世大夫三郎元重、後の音阿弥は四十六歳であった。この年の三月には亭子院で、五月には土御門河原で、更に翌文安元年（一四四四）にも三条河原で勧進猿楽を興行している。すでに足利氏は義勝を経て義政の時代に入っていたが、この義政からも「当道の名人」と称えられ、六十七歳を迎えた寛正五年（一四六四）には鞍馬寺の再興のため、義政の命で再度の糺河原勧進猿楽を催した。まさに音阿弥としても老後の光栄であったであろう。翌六年にも仙洞御所に召されて三日間に十余番の能を演じている。

この音阿弥が現在の観世家の祖である。だがその観世家も、音阿弥以降決して平坦な道を歩んだのではなかった。音阿弥は応仁元年（文正二年　一四六七）七十歳で没したが、嗣子政盛はその後わずか三年にして、文明二年（一四七〇）四十二歳の盛りであとを追った。加えて応仁・文明の大乱である。都は猿楽能どころではなくなっていた。

その観世座の危機を支えたのが、音阿弥の第七子で、政盛の弟、観世小次郎信光であった。政盛の子で若年で観世大夫となった之重を助けて、権守《ごんのかみ》として補佐役を勤め、座の維持に演能に実作に、大活躍をした。演能家としては本来太鼓方であったらしいが、太鼓もよくし、シテとしてもワキとしても舞台に立つという三面六臂の働きでその多才ぶりが窺われるが、作能家としても人気曲〈船弁慶〉〈紅葉狩〉の作者として大きな功績を残している。〈道成寺〉の原作〈鐘巻《かねまき》〉にも彼の手が加わっているらしい。

小次郎の作品は、その子弥次郎長俊の談話を吉田兼将という人が筆記した作者付『能本作者註文』を基本資料として考えると、主要なものとしては次のようなものがあげられる。

脇能　玉井《たまのい》・九世戸《くせのと》
夢幻能　胡蝶・吉野天人・遊行柳《ゆぎようやなぎ》
準夢幻能　皇帝・船弁慶・竜虎《りようこ》・鐘巻
劇的現在能　大蛇・張良《ちようりよう》・紅葉狩・羅生門

これをみると、シテとワキの対立する劇的なものが多く、また舞台がきらびやかで動きの激しい風流《シヨウ》的なものが多いのが特徴である。これについては小次郎がワキをよくした役者であること、そしてシテ役が若い甥の之重であることが多いため、シテの動きを減らしワキのしどころを多くした能の方が安全であるということと、応仁の乱後、都会では演能の機会に恵まれず、地方へ出る機会がおのずと増え、娯楽的・スペクタクル的能を要求する地方の観客のためにこのような能を作ったのだという見方もある。だが伝統的な大和猿楽の芸風のことを考えると、こうした小次郎の劇的・風流的能こそが本来のあり方であって、特に世阿弥以後小次郎に至って作能の流れが屈折したわけではないのである。より洗練されているか、より重厚さを持つかという違いはあっても、観阿弥・宮増・小次郎と並べると、そこには世阿弥の志向とは違った一つの、しかも太い線がはっきりと浮かび上がるのである。

小次郎の作には、判官伝説を扱った〈船弁慶〉、渡辺綱の武勇談を扱った〈羅生門〉、鐘入説話を扱った〈鐘巻〉といった、古典よりは巷談説話を素材としたものが多い。また脇能の〈玉井〉〈九世戸〉は、前にも述べた通り、舞台を井戸や桂の木、松の木や灯明台という作り物で飾り、登場人物の数も多く、すべてがはでではでにぎやかである。後シテはいずれも竜神で、鬼がかりの神にふさわしくハタラキを舞う。延年の風流の系統を引く大和猿楽の脇能としてはこれは当然のことであった。ただ世阿弥型の、神舞・真の序の舞を用いる典雅な脇能に馴れた目から見れば、異様に映るだけのことなのである。

この小次郎の作風は、その子弥次郎長俊にも引きつがれる。その脇能〈江野島《えのしま》〉〈大社《おおやしろ》〉〈輪蔵《りんぞう》〉はいずれも風流《シヨウ》的作品である。〈正尊《しょうぞん》〉〈親任《ちかとう》〉〈河水《かすい》〉といった劇的現在能は、十人から二十人にも及ぶかと思われる人物が登場し、舞台上に大活劇がくりひろげられるなど、すべて今日的な意味での能の規矩を踏みはずしている。ただそれは、これらを方三間の能舞台で演じようとするからこそ不自然に感じられるので、野外公演などで寺社の回廊などを利用して演じられていたとすれば、まことにそれにふさわしい台本なのである。だがこの〈親任〉や〈河水〉があえなく廃曲となってしまったところに、この後の能のあり方が示されていると言えそうである。

こうした作能傾向は、観世座のみならず金春座とても同様であり、金春禅竹という、これまでの常識ではもっぱら世阿弥の後継者とみなされている人にしてからが、〈芭蕉〉〈定家〉といった幽玄味の濃い作の他に〈谷行《たにこう》〉〈大会《だいえ》〉という劇的能を作ったとする作者付もあり、その孫禅鳳《ぜんぽう》（一四五四―一五三二？）にしても〈一角仙人《いっかくせんにん》〉という、歌舞伎十八番の「鳴神」の原拠になった能や、〈生田敦盛《いくたあつもり》〉という、修羅物にして敦盛父子の対面という場面を持つ異色作を書いている。むろん、脇能については再三言うように、〈竹生島〉〈賀茂〉〈和布刈《めかり》〉、そして〈嵐山〉と、いずれも風流《シヨウ》的脇能である。

このような能の劇的・風流的傾向は室町時代を通してみられるところであるが、同時に身近なところに材を拾うという点で、きわ物性も当時の能は持ち続けたようである。古く高直を扱った「四反八足」という田楽能、明徳の乱で討死した小林上野をシテとした〈小林〉等が、それぞれの事件の直後に作られていることはすでに触れた。あり合う手近なもの何でもを素材にするのが能本来のあり方であった。降ってキリシタン能・太閤能と呼ばれるものも、この例に入ろう。

キリシタン能と太閤能

室町末期日本に渡来した宣教師たちは、布教のために能をはじめ日本の諸芸能をしばしば利用した。耶蘇会士の『日本通信』を見るに、復活祭当日は「この国に行なはるゝ音楽や舞踏」（一五七七・七・二十八、都発。ジョアン・フランシスコの報告）や「狂言と称する定例の踊」（一五六九・六・一、都発。ルイス・フロイスの報告）、それにプロセッションと称する行道《ぎょうどう》のようなことを行なっている。中でも降誕祭における宗教劇は、演者の歌の他に、合唱団によって筋の説明をするという方法をとっているから、これはおそらく能の法式を借りたものであろう。キリシタン能と呼ぶゆえんである。

それに対し太閤能というものは、また別な意味できわ物的である。豊臣秀吉は晩年能を好んで、金春流の暮松《くれまつ》新九郎について稽古し、「五十日計りの内に十五、六番」も覚えるという異常な熱心さで、自らも舞台に立った。それも『老人雑話』に伝えるところによると「ある時太閤、馬に乗つて烏丸通を参内ありし時、新在家の下女四五人、赤前垂れを掛けて出て見物せり、太閤馬上より見て曰く、『只今我内裏《だいり》にて能をすべし。皆々見物に来よ』」と声をかけたという。これはあたかも猿楽能草創の時代、『太平記』巻二十三に伝える、伊予の豪族大森彦七が自らも能を演じ、近隣の貴賤に見物させたという伝承を思い起こさせるものがあり、能というものが本来どのようなものであったかを示す話と言えよう。

更に興深いのは、秀吉がお伽衆大村由己《ゆうこ》に命じて自分の事跡を幾つか能に作らせたことである。いわば秀吉PR能で、今〈芳野詣〉〈高野詣〉〈明智討〉〈柴田〉〈北条〉の五番の本文が残っているが、中で異彩を放っているのは〈明智討〉であって、光秀が落ちて行くところなど、

その時光秀は、先勢《さきぜい》早く崩るれば、叶ふまじとや思ひけん、（中略）淀鳥羽さして落ち行くを、秀吉追ひかけ給ひつゝ、いづくまでかは遁《のが》すべきと、甲《かぶと》の真向打ち割り給へば、足弱車の廻る因果は、これなりけりと思ふ敵《かたき》に白波の、寄りては討ち返りては討

ち、たゝみ重ねて百《もも》たび千《ち》たび打つ太刀に、今ぞ恨みも晴れて行く、天下に名をも賜はる身の、忠勤こゝに顕はるゝ、威光の程こそゆゝしけれ。

と描いている。これは秀吉自ら「秀吉」に扮し、師匠の暮松がワキの「光秀」に扮するという愉快な配役で演じたこともあったという。きわ物的内容といい、シテ方・ワキ方の枠をとり払った点といい、まさに観阿弥・宮増・小次郎的と言える。

こうした傾向は更に続き、大坂落城後旬日を出ないうちに作られた〈大坂落去〉という作品も伝われば、初期かぶきのスタアお国と名古屋山三を扱った〈歌舞妓〉という謡も近世初期に作られているのである。このように身近なところに材を求め、観客にわかり易い能を作るという傾向は、創成期以降、近世初期、能が武家の式楽として固定するまで、その中に一貫した性格であったようである。

世阿弥の影

しかしながら、この反面世阿弥の落とした影は、一方では大きく広がりつつあった。ふり返って観世小次郎の作を見るに、その〈胡蝶〉〈吉野天人〉〈遊行柳〉等の夢幻能は完全に世阿弥の能理論の規矩の内にあるものである。ことに〈遊行柳〉は遊行の僧の前に柳の精である老人が現われ、その昔西行法師が、

道の辺に清水流るる柳かげしばしとてこそ立ちどまりつれ

と詠んだ故事を物語るという、明らかに世阿弥の〈西行桜〉を意識しつつ作られた曲であり、一方ではなやかな〈船弁慶〉や〈紅葉狩〉を作った人の作とはとうてい信じられないひたすら閑寂に徹した能である。いや、その〈船弁慶〉〈紅葉狩〉にしても、仔細に見れば一曲の後半は知盛の亡霊や鬼女が登場して活劇的場面が展開するが、前半では白拍子や上臈を出して中《ちゅう》の舞を舞わせ、見せ場を設定している。〈道成寺〉の原作〈鐘巻〉にしてもその点は同様である。言わば大和猿楽のお家芸たる鬼の能に、世阿弥の幽玄の世界を接着させたものと言えるが、大和猿楽本来の傾向を強く持ち続けた異才観世小次郎といえども、〝世阿弥以後〟に生まれた以上、意識的にも無意識的にも、深遠な世阿弥的理念を離れては存在し得なくなっていたことが、これらの能から察せられるのである。

この点は、あれほど奔放に能に接した秀吉にしてもまた同様で、〈明智討〉以外の他の四番は、〈柴田〉〈北条〉は完全な修羅物の形式をとり、〈芳野詣〉〈高野詣〉に至っては、太閤は舞台に登場するものの、それは子方という能独特の様式でつつましく登場するのであり、シテは蔵王権現とか大政所の霊、ワキは太閤に仕える臣下という構成で、これまた完全に世阿弥好みの複式夢幻方式によりかかっているのである。一方で〈明智討〉という破天荒に見える能を演じようとした秀吉にして、一方では世阿弥の方式に従わざるを得ない大勢下にあった。能というものの概念もここにようやく固定しかけて来たようである。

能の固定化

こうして江戸時代に入ると、能はかつての潑剌《はつらつ》とした民衆娯楽・当代劇としての役割を終えて、いよいよ整備され、古典的舞台芸術としての道を辿るに至る。そしていわゆる幕藩体制の強化に伴い、武家の式楽としての地位を獲得するとともに、一点一画をもゆるがせにしないきわめて格調の高い舞台芸術として完成する。それまでの室町の能は現在とは大幅な相違があり、上演時間は一曲平均四十分程度で、従って現在の倍以上のテムポで演じられていたことがわかっているし、小道具の数も多く、動きもはるかにリアルであった。そうした能がいろいろな意味で現在の姿に近付いて来たのが十六、七世紀の頃なのである。能舞台や能装束が現在のようなかたちをとるに至ったのが桃山時代からと言われる。また現存の古能面には鬼畜面や尉面が多いのであるが、美しい女面や男面の遺品が増加するのがやはりこの時代である。

そしてこの頃を境に、能はいよいよ世阿弥の理想とした幽玄境に沈潜していった。つまり能の固定化・古典化とは結局「世阿弥」化ということであった。〈卒都婆小町〉のような対話劇も〈道成寺〉のような風流能さえもすべて世阿弥的理念のもとに演じられるようになった。『風姿花伝』をもとにし、囃子や謡の心得を加えた『八帖本花伝書』という書物が、観世音阿弥・金春禅竹・宝生蓮阿弥・金剛宗節の上に、総括者として世阿弥の名を冠して編集され、出版され、普及し始めたのがこの時期であったということは決して偶然ではない。

このような伝書・型付の作成、謡曲定本の制定はいよいよ能の固定化に拍車をかける。そしてそれは同時に能役者の身分の固定でもあり、能の大衆への訣別でもあった。正保四年（一六四七）六月九日将軍家光によって下された「専ら家業の古法を守るべし」とか、「万事一座の大夫指揮を守り、もし訴訟の事あらば、大夫をもて有司のもとへこふべし」「家業をすてゝ、身に応ぜざる武芸など学ぶ事停禁たるべし」「猿楽の衣類・調度の外に、無用の器材たくはふべからず」云々という能役者への戒告は、能役者が完全に体制の中に組み込まれたことを意味する。

折も折、新興の芸能としてかぶきがすでに誕生し、華々しく興行され始めていた。能はこのかぶきに大衆芸能の座を明け渡すことによって、安んじて武家の式楽として、古典芸術としての道を歩むことが出来た。能役者はひたすら自己の世界に定住して技量を磨きに磨いた。それによって、能は世界に類を見ない深遠な舞台芸術として、今日その地位を誇るに至る。かつて自ら大衆を捨て保護者をも捨て、孤高を持しつつ自己を凝視し、遠く能のあるべき姿をさし示したのが世阿弥であったことを思えば、その世阿弥が、能が大衆芸能から古典芸術への転換を見せ始めたこの時期に、能の世界で復活し、現代に至っていよいよその声価を高めているということは、まことに興味深い事実と言わねばなるまい。

世阿弥年譜（注・生年は貞治二年とし年齢は数え年による）

西暦	和暦	年齢	世阿弥関係事項	一般事項
一三六三	貞治二	1	生まれる（不知記）。幼名鬼夜叉。父観阿弥は三十一歳、この頃結崎座を創立したらしい。	
一三六八	応安元	6		十二月、足利義満、十一歳にして将軍となる。
一三七二	〃 五	10	この頃、観阿弥、醍醐寺において七日間の演能。鬼夜叉も出演。これより京都に観阿弥の名声高まる（隆源僧正日記）。	
一三七三	〃 六	11		八月、佐々木道誉没、六十八歳。
一三七四	〃 七	12	観阿弥、京都今熊野にて演能、〈翁〉を勤む。足利義満見物。これより観阿弥父子を贔屓するようになる（談儀）。十一月、鬼夜叉、奈良法雲院にて田楽能喜阿弥の芸を見る（談儀）。	
一三七五	永和元	13	鬼夜叉、尊勝院主に伴われて二条良基に初参。藤若の名を賜る。その後もしばしば参上、連歌を詠んだりなどしたらしい（良基書簡・不知記）。	
一三七八	〃 四	16	六月七日、藤若、義満と同席して祇園会を見物する（後愚昧記）。	三月、義満、室町新邸（花の御所）へ移る。

一三八一	永徳元	19		三月、海老名南阿弥陀仏没。
一三八四	至徳元	22	五月十九日、観阿弥、駿河にて没、五十二歳（常楽記）。	大和に補巌寺建立。
一三八八	嘉慶二	26		六月、二条良基没、六十九歳。
一三九一	明徳二	29		十二月、明徳の乱。
一三九二	〃三	30		閏十月、南北両朝合一。
一三九三	〃四	31		竹窓智厳、補巌寺二代となる（応永三年頃まで在住）。
一三九四	応永元	32	三月十三日、義満、春日神社参詣、興福寺一乗院にて観世三郎の演能を見る（春日御詣記その他）。この頃嗣子元雅生か。	
一三九七	〃四	35		四月、北山別邸（金閣）上棟。
一三九八	〃五	36	甥、観世元重（音阿弥）生まれる（紀河原勧進申楽日記その他）。	
一三九九	〃六	37	四月二十九日、醍醐三宝院にて演能。義満臨席（田中本迎陽記）。五月二十日、この日より山科一条竹鼻にて三日間の勧進猿楽、義満臨席（迎陽記）。	十月、応永の乱。
一四〇〇	〃七	38	四月十三日、『風姿花伝』第三まで成る（同奥書）。	
一四〇二	〃九	40	三月二日、『風姿花伝』第五成り、奥書に「世阿」と書す。	
一四〇五	〃三	43	後の女婿、金春氏信（禅竹）生まれる（猿楽縁起その他）。	

一四〇八	応永一五	46	三月、後小松天皇北山邸に行幸、数度にわたって猿楽能を見る（北山殿行幸記その他）。	五月、義満没、五十一歳。足利義持嗣ぐ。
一四一二	〃　一九	50	十一月、神託により、伏見稲荷に十番の能を奉納（談儀）。	四月、義持、常在光院にて田楽能を見物。以後田楽能、特に増阿弥の演能記録多く、義持もたびたび臨席の記事が見える。
一四一三	〃　二〇	51	七月十日、この日より北野七本松にて七日間の勧進猿楽（後鑑）。	五月、近江猿楽の犬王道阿弥没。
一四一四	〃　二一	52	閏七月十一日、能本『難波』を手写（自筆本現存）。	
一四一八	〃　二五	56	二月十七日、『花習』（『花鏡』の下書き）の中の一ヵ条を抜き書きする（同奥書）。 六月一日、『風姿花伝』第七・別紙口伝の第二次相伝本を元次に相伝（同奥書）。これ以前に第一次相伝本を弟四郎に伝えたことも記されている。	
一四一九	〃　二六	57	六月、『音曲声出口伝』成る（同奥書）。	
一四二〇	〃　二七	58	六月、『至花道』成る（同奥書）。	
一四二一	〃　二八	59	七月、『二曲三体人形図』成る（同奥書）。文中に『花鏡』の名が見える。	

一四二二	〃　二九	60	四月十八日、観世五郎・同三郎（元重）、醍醐清滝宮にて演能、観世入道後見。「観世入道」の名の初見（満済准后日記）。 十一月十九日、北野天神の霊夢により、「勧め歌」の点をとる（談儀）。	
一四二三	〃　三〇	61	二月六日、『三道』（能作書）を次男元能に相伝（同奥書）。 八月十二日、能本『盛久』を手写（自筆本現存）。	八月、竹窓智厳没。
一四二四	〃　三一	62	一月十八日、能本『タダツノサエモン』を手写（自筆本現存）。 四月、醍醐清滝宮楽頭となる（隆源僧正日記その他）。 六月一日、『花鏡』成る（同奥書）。 九月二十日、能本『江口』を手写（自筆本現存）。	二月、岐陽方秀没、六十四歳。
一四二六	〃　三三	64	十一月七日、能本『雲林院』を手写（自筆本現存）。	十月、細川満元没、四十九歳。
一四二七	〃　三四	65	十月、能本『松浦』を手写（自筆本現存）。 十一月、能本『阿古屋松』を手写（自筆本現存）。	
一四二八	正長元	66	二月、能本『布留』を手写（自筆本現存）。 三月九日、『六義』を金春氏信に相伝（同奥書）。 六月一日、『拾玉得花』を氏信に相伝（同奥書）。 八月四日、十二権守康次、元重と室町御所演能に出演後、世阿弥に書簡を送る（談儀）。	一月、義持没、四十三歳。足利義教嗣ぐ。 九月、正長土一揆。

一四二九	永享元	67	二月十六日、能本『弱法師』を手写（臨模本現存）。五月三日、元雅・元重、室町御所笠懸馬場にて多武峰様猿楽（建内記その他）。五月十三日、義教、世阿弥父子の仙洞御所演能を禁止（満済准后日記）。
一四三〇	〃　二	68	三月、『習道書』成る（同奥書）。四月十七日、元重、醍醐清滝宮楽頭となる（満済准后日記）。十一月十一日、元能、世阿弥の芸談を筆録した『申楽談儀』を残し、芸道を捨てて出家（同奥書）。同月、元雅、大和天河社にて演能、「心中所願」の能面を奉納する（能面現存）。
一四三二	〃　四	70	一月二十四日、細川奥州家の若党、室町御所にて演能、その際世阿弥父子も各一番ずつ出演（満済准后日記）。八月一日、元雅、四十に満たずして伊勢安濃津にて客死（夢跡一紙）。九月、『夢跡一紙』成る（同奥書）。
一四三三	〃　五	71	三月、『却来花』成る（同奥書）。四月二十一日、元重、この日より糺河原にて三日間の勧進猿楽（満済准后日記その他）。

一四三四	〃　六	72	五月、佐渡へ流される（金島書）。妻寿椿は女婿氏信が扶養した（佐渡よりの書状）。	
一四三六	〃　八	74	二月、『金島書』成る（同奥書）。	
一四三七	〃　九	75	八月、貫氏（氏信か）『花鏡』を書写（金春本『花鏡』奥書）。	
一四四一	嘉吉元	79	（この間に許されて帰洛か）	六月、義教暗殺、四十八歳。
一四四三	〃　三	81	八月八日、没（観世小次郎画賛・補巌寺納帳）。	

参考文献

本書執筆に当たって参考にしたものを主に掲げる。

能一般

R・マッキンノン　中村保雄『能』（日本の伝統2）　淡交新社　昭42
金井清光『能の研究』　桜楓社　昭44
芸能史研究会編『能――中世芸能の開花』（日本の古典芸能3）　平凡社　昭45
増田正造『能の表現』（中公新書）　昭46

＊

西尾実他編著『謡曲狂言』（国語国文学研究史大成8）　三省堂　昭36

能楽史・伝記

能勢朝次『能楽源流考』　岩波書店　昭13
小林静雄『謡曲作者の研究』　丸岡出版社　昭17
小林静雄『能楽史研究』　雄山閣　昭20

＊

野上豊一郎『観阿弥清次』　要書房　昭24
戸井田道三『観阿弥と世阿弥』（岩波新書）　昭44
小林静雄『世阿弥』　檜書店　昭18（昭33増補）
田中　允『世阿弥』（アテネ文庫）　弘文堂　昭30
香西　精『世阿弥新考』　わんや書店　昭37

香西　精『続世阿弥新考』わんや書店　昭45
＊
林屋辰三郎『中世文化の基調』東京大学出版会　昭28
林屋辰三郎『古典文化の創造』東京大学出版会　昭39
後藤　淑『中世的芸能の展開』明善堂書店　昭34
森末義彰『中世芸能史論考』東京堂出版　昭46

謡曲の本文（現行曲・廃曲）

佐成謙太郎『謡曲大観』七冊　明治書院　昭5〜6
野上豊一郎編『謡曲全集』六冊　中央公論社　昭24〜26
横道万里雄　表　章校注『謡曲集』二冊（日本古典文学大系40・41）岩波書店　昭35・38
＊
古谷知新『謡曲全集』二冊（国民文庫）明44
和田万吉他『宴曲十七帖附謡曲末百番』（国書刊行会）大元
芳賀矢一他校註『謡曲叢書』三冊　博文館　大3〜4
野々村戒三『謡曲三百五十番集』（日本名著全集29）昭3
田中　允校『番外謡曲』二冊（古典文庫）昭25・27
田中　允編『未刊謡曲集』一〜（古典文庫）昭38〜

能楽論（本文・注釈・口語訳）

能勢朝次『世阿弥十六部集評釈』二冊　岩波書店　昭15〜19（昭24増補）

川瀬一馬『世阿弥二十三部集』 能楽社 昭20
西尾実他校註『歌論集 能楽論集』（日本古典文学大系65） 岩波書店 昭36
金井清光『花伝書新解』 明治書院 昭33
山崎正和編『世阿弥』（日本の名著10） 中央公論社 昭44
小西甚一『世阿弥』（日本の思想8） 筑摩書房 昭45

能楽論（研究）

能勢朝次『古代劇文学』（日本文学大系21） 河出書房 昭14
西尾 実『世阿弥』（岩波講座日本文学史） 昭33
小西甚一『能楽論研究』 塙書房 昭36
表 章『世阿弥』（講座日本文学6） 三省堂 昭44
田中 裕『中世文学論研究』 塙書房 昭44

あとがき

世阿弥に関する著書は多い。だがその多くは世阿弥礼賛に終始している。確かに世阿弥は偉大である。だがそれなら、なぜ彼はその後半生において世に捨てられたのか。そこには現代からみた世阿弥の評価と、当時における世阿弥の評判との間に、相当大きな差があるのではないだろうか。これが以前から私の世阿弥に対して抱いていた疑問であった。今回、機会を与えられたのを幸い、これまでに執筆した世阿弥やその周辺についての旧稿をもとに、私の立場からの世阿弥観をまとめてみた。これまでの世阿弥論は、すべて世阿弥そのものに焦点を当てて論じられている。それに対し、室町期の能の主流は観阿弥――宮増――観世小次郎の線にあって、世阿弥は傍流的位置にあったという前提のもとに、その生涯と業績を論じてみたのが本書である。

その場合、過去の世阿弥論のほとんどが、その能楽理論書を通してのものであったのに対し、今回は主としてその作能を通して考察してみた。理論を通したのでは、芸術思想史上の、〝哲学者としての世阿弥〟の位置づけは出来ても、それは能楽史上の〝猿楽者としての世阿弥〟とはおのずから別のものとなるであろう。創作という点よりすれば、彼にとってはあくまで能作が本意で、能楽論の執筆は副産物であったはずである。物まねを主とした大和猿楽の流れの中に、夢幻能という能独自の形式を創出し完成し、併せて現実世界から古典の世界への導入をはかったところに、よくもあしくも世阿弥の業績がある。本書ではこのような観点から、あくまでその作能を通してその思想を探り、世阿弥という人の解明につとめることを旨とした。

書き終えてみると、私はいささか世阿弥に対し意地悪く当たり過ぎた感じがする。しかし、いたずらに礼賛するばかりが能《のう》ではあるまい。栄光に包まれている世阿弥論の中に、一つくらいこのような視点からの考察があってもよいのではないかと思う。

世阿弥の芸論の引用は、山崎正和氏編の、『世阿弥』(日本の名著10　中央公論社版)の訳文を、多少表記など改めながら使わせていただいた。その他、著書・論文を通して学恩を蒙った多くの先学、特に故能勢朝次・金井清光・表章・味方健の諸氏、そして本書の出版を中公新書編集部に紹介して下さった林屋辰三郎先生に心からお礼申し上げる。また原稿の整理にお世話になった吉田道子氏、挿入写真を提供して下さった牛窓正勝氏にも感謝の意を表したく思う。

一九七二年七月

北川忠彦

解説　異端者としての世阿弥

土屋恵一郎

この著の主題は「異端者」としての世阿弥を明快に描くことであった。日本の古典芸能である能楽の代表者であり、世界の中でも、作品とその芸術論において、天才ともいうべき資質を示した世阿弥が、能楽の歴史のなかではむしろ異端であり、伝統からの逸脱者であったことをしめそうとしている。

その場合の、能楽をふくむ古典芸能の正統とはなんであったのか。世阿弥をして異端とさせる能楽の本来の形はなんであったのか。北川忠彦は、ここで、世阿弥以外の能楽作者や能楽師に焦点をあてる。

これがこの著の特質であり、貴重な論点である。たとえば、世阿弥の同時代人であった、宮増《みやます》という能楽作者がいる。宮増は、いわゆる曾我物といわれる作品を多くのこした。有名な曾我兄弟の仇討ちをテーマにした能である。これは、「現在物」ともいわれて、世阿弥が開発した主人公の亡霊が舞う「夢幻能」とは異なるジャンルに属する。『曾我物語』という、人々によく知られた仇討ちの話を能にしたのだ。「小袖曾我」は宮増作とされているが、現在の研究はこのことに確証はないとしている。ただ宮増作とつたえられているものには、「烏帽子折」、源義経が奥州に逃亡する姿を題材にした「摂待」、牛若丸（義経）を題材にした「鞍馬天狗」がある。いずれも、「現在物」で、劇的でわかりやすい物語が上演される。世阿弥はこうした能にはまったく眼を向けなかった。

そもそも世阿弥の父親である観阿弥は、現在物で今日でも度々上演される傑作を作っている。北川忠彦は、とりわけて「自然居士《じねんこじ》」に焦点をあてる。

「自然居士」は、今でも上演頻度が高い。私は橋の会という能楽上演団体を長くプロデュースしてきた。「自然居士」もなんどか上演した。そのなかでも、四世梅若実（当時は六郎）にこの作を依頼したときの、六郎氏の反応はよく覚えている。当時から六郎氏は幽玄な曲でも名人であり舞と謡で随一の名手であった。その六郎氏が、私の依頼を聞くやにこっと笑って「大好きです」と言ったのだ。そのくらい、この「自然居士」は、やりたくなる気のいい能なのだ。現在物はほとんどやらなかった観世寿夫は、世阿弥の再来とさえいわれた天才であったが、この「自然居士」はやっている。おそらく、現在物は通常は、能面をつけない形でやり、それを「直面《ひためん》」といっているが、「自然居士」と「弱法師《よろぼし》」は、現在物であっても、能面をつけるので、寿夫はやったのだろう。

ぜひ、この能は見ていただきたい。自然居士という実在の人物が主人公である。能では、青年僧という設定になっている。寺での修行に疑問をもって、むしろ、俗世間のなかにはいって人々を救済したいと願った僧の話である。なんとなくヒッピーのような感じを受ける。風狂の人として知られた。その僧が町中で七日間の説法をしていると、着物の御布施をもって少女が親の供養を頼みにやってくる。そこに、少女を追って人買いの商人がやってきて、無理やり少女を連れ去る。少女は人買いに買われていたのだ。自然居士は、七日の説法を中断して、少女の救済に向かおうとする。従者は、それではせっかくの説法が無駄になると言っていさめる。そこで自然居士が言うセリフが実にかっこいい。「いやいや説法は、百日千日聞こしめされても、善悪の二つをわきまへんためぞかし、今の女は善人、商人は悪人、善悪の二道ここに極まって候ふはいかに」どんなに説法をしても、ここで少女を助けることができなければ、意味がない。「仏道修行のためなれば、身を捨て人を助くべし」と言って、人買いを追っていくのだ。完全なセリフ劇である。それは、世阿弥の舞主体の能の作品とは異なる世界がある。

世阿弥は、まさしく「舞」と「歌」とを作品の中心にすると宣言している。「舞歌」である。この言葉については、私には忘れることができないことがあった。もう四〇年ほど前に、狂言の野村萬氏が万之丞と名乗っていたころに話を聞いたことがある。そのときに、万之丞は、「舞歌が狂言の中心です」と言った。「ぶぐぁ」という発音も正確に覚えている。そこには、能と狂言をけっして分けて考えない、野村万之丞・万作兄弟の美学がはっきりとあった。同時に、そうした狂言のあり方に対する批判もあった。もっと狂言は、おおらかで笑いに忠実であるべきだという批判はあった。それは、おそらく世阿弥を批評する、北川忠彦の考えと共通するものである。

セリフや装飾的であった能の旧来の姿に対して、世阿弥は距離をおいていた。むしろ、それを乗り越えようとした。『伊勢物語』や『平家物語』を題材にして、宮中や公家化した平家の公達を題材にして、戦争で破れ戦死した者たちを、舞と歌のなかで美的な存在へと作り変えた。世阿弥の作品だけを通して能を見れば、この「舞歌」の能だけが、見えてくる。北川忠彦は、そうした能への理解を変えて、世阿弥以前にあった多様な芸能としての能へと私たちをみちびこうとしている。

そこには、なぜ、能の作品が、後の江戸歌舞伎へと転換していったのかということへの答えも用意されている。たとえば、先の「曾我物」は、江戸歌舞伎へとつながるものである。江戸歌舞伎の正月狂言は、曾我狂言という決まりがあった。さまざまに内容を変えながら、曾我兄弟の仇討ちを題材にした正月興行を行っていた。そこに、大衆の関心を呼ぶものがあったからだ。能でも同じである。能を支えていた大衆の関心は、セリフ劇のわかりやすさや、曾我物の興奮にあったにちがいない。

北川忠彦は、はっきりと、世阿弥が大衆を捨てたといっている。面白い視点である。確かに、世阿弥は大衆を捨てたのかもしれない。世阿弥によって能は貴族化された、といってもいい。世阿弥のパトロンであった、足利義満や、歌人・政治家であった二条良基に教育された世阿弥にとって、能は文学作品を題材にしながら、舞と歌によって構成されるものになった。とりわけて、修羅能は世阿弥の特色がはっきり出ている。

北川忠彦は、この修羅能の創作には、脇能というものの構成を使った世阿弥の才知があるといっている。脇能とは、「翁」の後に上演された、神々を題材にした能である。定番の作品として神々の舞が入ってくる。作品としては変化に乏しくドラマとしての深みに欠ける。世阿弥はこの脇能の形を、『平家物語』に登場する武将たちの戦死の様を描く修羅能に転用した。それが北川忠彦の着眼であった。

確かに、修羅能は、構成上の類似を脇能のなかにもっている。中心は、修羅の舞である。戦争で多くの人間を殺した罪のゆえに、地獄で苦しむ。それが「修羅」である。舞を舞い、旅の僧の弔いを受けて、成仏するのだ。

舞を舞うのは、この成仏のためであった。武将たちは、ただ戦士として戦うのではなく、歌人であったり、音楽に秀でたりする。修羅能であっても、そこには、幽玄がある。世阿弥の能は、この修羅能における構成を、亡霊劇としての「夢幻能」へと転用する。代表作の「井筒」を見ればはっきりする。『伊勢物語』の在原業平とその妻との話であるが、妻は亡霊である。その亡霊が、『伊勢物語』を舞うのだ。その構成は、天才世阿弥の名にふさわしいものであった。

北川忠彦のこの本の面白いのは、『平家物語』を題材にしても、世阿弥と同時代の金剛流における『平家物語』の取り上げ方がまったく異なるということを、指摘したところにある。そのなかで、小林秀雄の『無常といふ事』を引用する。小林は言う。「『平家物語』冒頭の哀調が『平家物語』理解をあやまらせた。『平家物語』の本来の中心は、宇治川の合戦に見られる「太陽の光と人間と馬の汗とが感じられる」文章である」。その小林秀雄の「平家」のうちにこそ、金剛流他、世阿弥以外の能作者が見据えた『平家物語』の世界がある。世阿弥はあくまでも、抒情の能として修羅能を作った。世阿弥以外の作者は、人間の汗がほとばしる劇的世界を修羅能に見た。

最初に述べたように、北川忠彦は、世阿弥周辺の能作者の群像に焦点をあてて、世阿弥を異端者として描いた。その異端のゆえに、世阿弥は結局はその晩年に大衆の支持を失い、佐渡島に流刑になる悲劇にもつながった。大衆を世阿弥が捨て、大衆から離れたのである。

そこで問題になるのは、それでは、なぜそんな世阿弥の作品が上演し続けられ、現在において能楽の中心として考えられるのかということである。

著書は、このことについては、決定的な答えを用意していない。私にもその用意はないが、二つ理由があるように思える。一つは、能は舞台で上演されるだけではなく、謡として独立に稽古されてきたことである。文章として面白く、文学にもつながらなければ、「謡う」ことの興味につながらない。舞台の上での作品は、劇的で面白くなければならないが、

「謡」だけであれば、むしろ文章としての深みがあり、文学の古典ともつながる方が、稽古する人間にとっては、興味が持続する。もう一つは、世阿弥の作品が、「シテ一人主義」であったことがある。シテは、主役という意味であるが、世阿弥は複数の主人公であっても、改作して一人にしている。あくまでも、一人の主役にこだわった。それが、世阿弥以外の作者との大きな違いである。稽古する者にとっては、これは都合がいい。習いごととして能を考えれば、自分一人に焦点があってくる、いわばカラオケと同じである。

もちろん、世阿弥の作品が、文学として優れていることを忘れてはならない。世阿弥の作品には、独特な匂いがあって、世阿弥の作品であることがわかる。

北川忠彦のこの『世阿弥』のもっとも良い点は、世阿弥を非焦点化して、多くの能作者のなかに置いて、能楽というものの多様な世界を示したことである。そして、おそらく、著者は、この多様性を世阿弥のために現代の能は失ってしまっていることを、残念に思っているのだ。今いちど、能の歴史をふりかえり、能の多様性を回復すること。それが北川忠彦がこの本にかけた思いである。

（明治大学長）

本書は、一九七二年七月に中公新書から刊行された『世阿弥』より、舞台写真、資料写真を新たに差し替え、解説を加筆、文庫化したものです。

舞台写真：牛窓雅之　資料写真提供：観世文庫（一〇三頁）、観世宗家（一四九頁）、寶山寺　資料室（一九六頁）

北川忠彦（きたがわ　ただひこ）

1927年，愛媛県松山市生まれ。1953年，京都大学文学部卒業。立命館大学助教授，京都女子大学教授，龍谷大学教授などを歴任。国文学者。専攻は能，狂言。主な著書に『狂言百番』『観阿弥の藝流』『源氏の旗風―義経物語』『軍記物論考』，校注に『閑吟集　宗安小歌集（新潮日本古典集成）』『狂言集（完訳日本の古典／安田章と共校注）』。1994年没。

講談社学術文庫

定価はカバーに表示してあります。

世阿弥《ぜあみ》

北川忠彦《きたがわただひこ》

2019年12月10日　第1刷発行

発行者　渡瀬昌彦
発行所　株式会社講談社
東京都文京区音羽 2-12-21 〒112-8001
電話　編集（03）5395-3512
販売（03）5395-4415
業務（03）5395-3615
装　幀　蟹江征治
印　刷　株式会社廣済堂
製　本　株式会社国宝社
本文データ制作　講談社デジタル製作

ISBN978-4-06-518136-2

「講談社学術文庫」の刊行に当たって

これは、学術をポケットに入れることをモットーとして生まれた文庫である。学術は少年の心を養い、成年の心を満たす。その学術がポケットにはいる形で、万人のものになることは、生涯教育をうたう現代の理想である。

こうした考え方は、学術を巨大な城のように見る世間の常識に反するかもしれない。また、一部の人たちからは、学術の権威をおとすものと非難されるかもしれない。しかし、それはいずれも学術の新しい在り方を解しないものといわざるをえない。

学術は、まず魔術への挑戦から始まった。やがて、いわゆる常識をつぎつぎに改めていった。学術の権威は、幾百年、幾千年にわたる、苦しい戦いの成果である。こうしてきずきあげられた城が、一見して近づきがたいものにうつるのは、そのためである。しかし、学術の権威を、その形の上だけで判断してはならない。その生成のあとをかえりみれば、その根は常に人々の生活の中にあった。学術が大きな力たりうるのはそのためであって、生活をはなれた学術は、どこにもない。

開かれた社会といわれる現代にとって、これはまったく自明である。生活と学術との間に、もし距離があるとすれば、何をおいてもこれを埋めねばならない。もしこの距離が形の上の迷信からきているとすれば、その迷信をうち破らねばならぬ。

学術文庫は、内外の迷信を打破し、学術のために新しい天地をひらく意図をもって生まれた。文庫という小さい形と、学術という壮大な城とが、完全に両立するためには、なおいくらかの時を必要とするであろう。しかし、学術をポケットにした社会が、人間の生活にとってより豊かな社会であることは、たしかである。そうした社会の実現のために、文庫の世界に新しいジャンルを加えることができれば幸いである。

一九七六年六月　　野間省一